少子化に対応した学校教育充実の処方箋

進む学校の小規模化にどう向き合うか

高橋 興 [著]

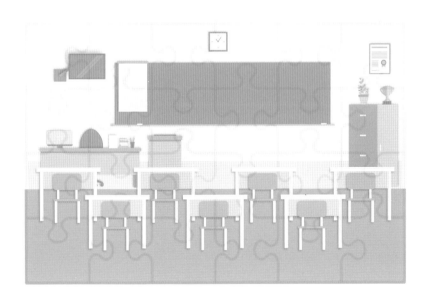

ぎょうせい

はじめに

　我が国における人口の急激な減少傾向は、一層厳しい状況が続いている。

　これは当然のことながら少子化とセットで進行しており、小・中学校及び高等学校の児童生徒数の減少と学校の小規模化に直結する。このような状況下で都道府県及び市区町村の多くは、学校の適正規模・適正配置をめぐる諸課題の解決を迫られている。

　こうした課題の解決策として、これまで多く行われてきた小規模校の統廃合は、速効性のある解決策であるかに思われ、国による統合新校舎建設費助成の優遇措置や、遠距離通学を可能にするスクールバス購入費等の助成制度等で誘導されている側面もあり、その件数が多い。

　しかし、学校統廃合に伴うメリットもあるが、それよりもデメリットのほうが圧倒的に大きいと指摘されることも多い。とりわけ、地域社会の核としての役割を果たし続けてきた小・中学校がなくなることにより、地域社会が受けるダメージは極めて大きいとされる。

　一方で、極小規模の学校が児童生徒の教育環境として本当に望ましいのか、このまま存続を許容し得るのかと問われれば、簡単には答えを出せない状況の地域が増えていると考える。

　そして、仮に学校統廃合が必須だとするなら、どのような手順で進めるべきか、地域住民が分断されたり、あるいは最も大切な子どもたちが不安を感じたりしないようにするために注意すべきポイントは何か、どうしたらデメリットをできるだけ小さくし、プラス効果を大きくできるのか、その具体的な方策を探求する必要がある。

　また、統廃合をせず、あくまで小規模校を存続させつつ、小規模校の良さをさらに大きくし、マイナス面を極小化する方策はあるか、その方策はいかにして実現可能となるか、などの課題を解決する具体策を探る

ことが強く求められている。

　本書はこうした要請に応えるべく、まず初めに国がこれまで取り組んできた小規模校対策の経過を整理する。

　次いで、地域が置かれた厳しい状況から緊急な対応を迫られ、すでに取組みをしている注目すべき事例について、現地での幅広い関係者等からの聞き取り調査と収集した関係資料をもとに、取組みの経過に重点を置きながら、やや詳細に紹介する。

　そして最後に、これらの事例分析等を踏まえて、市区町村は小規模校対策として今後何ができるのか、どのような施策が有効かつ可能性・持続性があるかについて試論を展開する。

　こうした作業を通じて、小規模校対策に新しく取り組む際の参考になる情報を提供するとともに、すでに着手している取組みを一層進展させるヒントを提示し、少子化で苦悩する全国各地における学校教育の充実に資することを目指すものである。

2018（平成30）年8月

青森中央学院大学教授

高　橋　興

はじめに

第1章　国による適正規模・適正配置対策の経過

1　国が学校統廃合の推進に積極的な姿勢 ······················· 3
2　国が学校統廃合に慎重な姿勢へ転換 ························· 6
3　外部から高まる学校統廃合を求める声 ······················· 8
4　国が再び学校統廃合推進へ転換 ····························· 9

第2章　事例からみた小規模校対策の実際

◆事例1

統廃合のデメリットを最小化しようとする取組み事例 —その1— ···· 24
佐賀県多久市
～統廃合を契機に、小中一貫→CS→義務教育学校へ段階を踏んで実現した取組み～

1　多久市の概要 ··24
2　多久市における小・中学校の再編の経過 ···················24
3　小中一貫教育の導入 ······································31
4　学校運営協議会制度（コミュニティ・スクール）の導入 ····34
5　「義務教育学校」の導入へ ································34
6　多久市の取組みから学ぶべきこと ·························35

◆事例2

統廃合のデメリットを最小化しようとする取組み事例―その2― ····· 37
栃木県小山市
～統廃合を契機に、既存校舎を活用して義務教育学校の設置を実現した取組み～

1　小山市の概要 ·· 37
2　小山市の学校規模等の状況と対応策 ―提言書を中心として― ·· 38
3　小中一貫教育とコミュニティ・スクールへの取組み ········ 44
4　絹義務教育学校に関する取組み
　　―誕生に至る経過と具体的な取組みを中心に― ············· 56
5　小山市（絹義務教育学校）の実践から学ぶべきこと ········ 68

◆事例3

統廃合を想定しデメリットを社会教育で減少させることを目指す事例 ·· 70
島根県益田市
～統廃合を想定し、校区の公民館を核とした地域の教育環境整備を目指す取組み～

1　益田市の概要 ·· 70
2　益田市における小規模校対策の経緯 ······················· 71
3　公民館を核とした地域の教育環境を整備する主な取組み ····· 78
4　益田市の実践から考えるべきこと ························· 84

◆事例4

統廃合せず存続させることを目指す事例 ―その1― ··············· 85
兵庫県美方郡香美町
～「小規模校の良さ」を生かした積極的な学校間連携の取組み～

1　香美町の概要 ·· 85
2　香美町による小規模校対策の経過 ························· 86

3　「学校版教育環境会議」の概要 ················· 92
　4　「チャレンジプラン」の具体的な取組みの経過と内容 ········ 94

◆事例5
統廃合せず存続させることを目指す事例―その2― ········· 102
　　長野県南佐久郡北相木村
　　　〜民間学習塾と提携した山村留学制度により唯一の小学校存続を
　　　　目指す取組み〜
　1　北相木村の概要 ······························· 102
　2　山村留学制度導入の経緯 ····················· 103
　3　山村留学の内容 ····························· 107
　4　「花まる学習会」との連携を核にした特色ある学校教育
　　　―北相木小学校― ························· 108
　5　北相木村の実践から学ぶべきこと ·············· 112

◆事例6
統廃合せず存続させることを目指す事例 ―その3― ········ 114
　　熊本県阿蘇郡高森町
　　　〜CS、小中一貫教育から義務教育学校、ICT活用などで存続を
　　　　目指す取組み〜
　1　高森町の概要 ······························· 114
　2　高森町の学校をめぐる厳しい状況
　　　―高森東学園義務教育学校を中心に― ········· 115
　3　高森東小・高森東中の小規模校対策の検討 ······ 116
　4　高森町新教育プランの策定 ··················· 118
　5　高森町新教育プランに基づく具体的な取組み ····· 121
　6　高森町の実践から学ぶべきこと ················ 142

◆事例7

統廃合せず存続させることを目指す事例 ―その4― ･････ 145
愛媛県新居浜市
～英数に特化した少人数制の教育課程により学区外からの入学者獲得で中学校存続を目指す試み～

1 新居浜市の概要 ･･････････････････････････････ 145
2 旧別子山村と別子銅山の概要 ･･･････････････････ 146
3 村立別子中学校から新居浜市立別子中学校へ ･･････ 147
4 「別子中学校　学び創生事業」の主な内容 ･････････ 148
5 学び創生事業の成果と今後の課題 ･･･････････････ 152
6 この取組みから学ぶべきこと ･･･････････････････ 153

◆事例8

統廃合できない学校による取組み事例 ―その1― ･････ 155
徳島県阿南市
～県と鳴門教育大の共同研究を生かし、ICTの利用による分散型小中一貫教育を進める取組み～

1 阿南市及び椿町地区の状況 ･････････････････････ 155
2 徳島モデル提案の背景と経過 ･･･････････････････ 156
3 阿南市立椿町中学校区による取組み ―チェーンスクール― ･･ 159
4 椿町中学校区の「チェーンスクール」への取組みから考えるべきこと ･････････････････････････････ 167

［補　論］
1 牟岐中学校区の状況 ･･･････････････････････････ 170
2 「市宇ケ丘学園」の誕生 ･････････････････････････ 170
3 学園の主な活動 ―小中一貫教育を中心に― ･･････ 171

◆事例9
統廃合できない学校による取組み事例 ―その2― ……………172
　　長崎県五島市奈留地区
　　　〜小中高一貫教育で校種の違う3校すべての存続を目指す実践例〜
　1　五島市奈留地区の概要 …………………………………… 172
　2　奈留地区における小中高一貫教育への取組み経過 ……… 173
　3　奈留地区における小中高一貫教育の主要な内容 ………… 176
　4　県・市が一体となった新たな取組み ……………………… 184
　5　五島市奈留地区の実践を通じて考えるべきこと ………… 194

第3章　小規模校における望ましい教育環境整備の方策と課題

　1　「はず」「べき」論を超えた適正規模・適正配置論議の
　　　必要性 ……………………………………………………… 199
　2　統廃合に代わる取組みの可能性や持続性等に関する議論
　　　深化の必要性 ……………………………………………… 205
　3　地方創生など広い視野からの適正規模・適正配置対策の
　　　実施が大切 ………………………………………………… 211
　4　都道府県の「適正規模・適正配置は市町村の問題」との
　　　発想転換を ………………………………………………… 212

おわりに

主要な参考文献

第1章

国による適正規模・適正配置対策の経過

第1章　国による適正規模・適正配置対策の経過

　我が国における小規模校対策は、1950年代に行われた市町村合併政策（いわゆる「昭和の大合併」）を契機とするものであった。

　すなわち、1953（昭和28）年に施行された「町村合併促進法」（昭和28年9月1日法律第258号）は「町村は、おおむね8,000人以上の住民を有するのを標準」（第3条）としたが、この8,000人という数字は、新制中学校1校を効率的に設置管理していくために必要と考えられた人口だとされる。

　同促進法は3年間の時限立法であったため、1956（昭和31）年に「新市町村建設促進法」（昭和31年6月30日法律第164号）が施行された。同法は、学校統合を重要施策として位置づけていた。

　すなわち、同法は「新市町村は、その設置する小学校又は中学校で経営の合理化と教育効果の向上を図るため規模を適正化することが適当と認められるものがある場合においては、地勢、交通、通学距離その他の事情を考慮して、小学校又は中学校の統合並びにこれに伴う校舎の転用及び通学区域（〜略〜）の変更に関する計画を定め、これを実現するように努めなければならない。」（第8条第1項）と定めていた。

　また、同法は市町村のこうした取組みを財政面から支援するため、国の補助金を「小学校若しくは中学校の統合又は通学区域の変更のため必要な校舎の新築、改築又は増築」に対して交付可能なことを定めていた（第12条第1項第2号）。さらに、新市町村建設計画に対する財政支援の優先項目として「小学校又は中学校の校舎の新築、改築又は増築」を規定していた（第13条第1項第1号）。

　ちなみに、こうした市町村合併促進策により、1953年から1961（昭和36）年までに、市町村数はほぼ3分の1に減少した。

　このような市町村合併が推進される中で、我が国の小規模校対策は始まったが、それ以後の動きを以下で概観する。

1　国が学校統廃合の推進に積極的な姿勢

⑴　文部省が都道府県知事・教育長宛に学校統合推進を通達
　　―1956（昭和31）年―

　文部省（当時）は1956年11月、都道府県知事及び教育長宛の事務次官通達「公立小・中学校の統合方策について」（昭和31年11月17日付け文初財503号）を発出した。

　この通達では「小規模校は教員の適正配置や施設設備の整備充実が難しいため教育効果の向上を図ることが困難で、かつ経費が割高となっている」現状の重要性にかんがみ、中教審に諮問し答申を得たとし、次のように述べた。

> ～貴職におかれても学校統合の意義にじゅうぶん考慮を払い、地方の実情に即し答申の趣旨を施策の参考として、統合の推進をはかるとともに、貴管内関係機関に対して趣旨の徹底方をお願いする。

　この通達に添付された別紙「公立小・中学校の統合方策についての答申」（昭和31年11月15日）によれば、審議会に公立小・中学校の統合方策について特別委員会を設置して審議を行い、それをもとに総会での審議を経たうえで答申したと述べている。

　その主な内容は次の3点である（以下、下線は筆者による）。

> 一　学校統合の基本方針について
> 1　国および地方公共団体は、～中略～学校統合を奨励すること。ただし、単なる統合という形式にとらわれることなく、教育の効果を考慮し、土地の実情に即して実施すること。
> 2　学校統合は、将来の児童生徒数の増減の動向をじゅうぶんに考慮して計画的に実施すること。

3　学校統合は慎重な態度で実施すべきものであって、住民に対する学校統合の意義についての啓発については特に意を用いること。

二　学校統合の基準について　～規模と通学距離を基準（筆者注）～

1　小規模学校を統合する場合の規模は、おおむね12学級ないし18学級を標準とすること。
2　児童生徒の通学距離は、通常の場合、小学校児童にあっては、4キロメートル、中学校生徒にあっては6キロメートルを最高限度とすることが適当と考えられるが、教育委員会は、地勢、気象、交通等の諸条件ならびに通学距離の児童生徒に与える影響を考慮して、さらに実情に即した通学距離の基準を定めること。

三　学校統合に対する助成について

1　国は、学校統合により必要とされる施設の建築費についてじゅうぶんにかつ計画的に助成すること。
2　国は、各種振興法に基く補助金等の配分については、統合を行った学校に対し格別の考慮を払うこと。
3　国は、学校統合に伴い児童生徒の通学を容易にするため必要となるスクール・バス、スクール・ボート等の交通機関の設置に対して助成策を講ずること。

⑵　文部省が統合推進に向け「学校統合実施の手びき」を作成
　　　―1957（昭和32）年―

　文部省（当時）は、⑴で前述した事務次官通達に即した学校統合推進に向けた市町村の取組みを支援するため、「学校統合実施の手びき」を作成して配布した。

　同手びきは、次の5章から成り、全68ページに及ぶ詳細なものであった。

第1章　学校統合の意義
　　・学校統合の目的　・小規模学校の現状　・学校統合の効果　など
第2章　学校統合の基準

・学校の適正規模　・通学距離（疲労度と通学距離、生活時間と通学距離、通学距離の限界）
　第3章　学校統合の実施
　　・統合計画の基本　・統合計画の策定及び実施　・都道府県教育委員会の任務
　第4章　学校統合に対する国の助成等
　　・助成等の概要　・学校建築に対する助成　・助成の手続き
　第5章　資料

(3) 統廃合関連の施設整備費補助が統廃合を促進
　　―統廃合に有利な扱い―

　前述した(1)(2)のような学校統廃合推進へ向けた取組みと相まって、学校統廃合に係る施設整備費補助の有利な扱いが学校統廃合を促進したと指摘されることも多い。

　すなわち、1956（昭和31）年、「公立小中学校統合特別助成費補助金」が設けられ、次いで1958（昭和33）年の義務教育諸学校等の施設費の国庫負担等に関する法律（昭和33年法律第81号）により国庫負担の対象となった。そして、国庫負担率は危険校舎改築等の場合が3分の1であったが、学校統合の場合は2分の1と有利な扱いだった。

　さらに、1970（昭和45）年に制定された過疎地域対策緊急措置法（昭和45年法律第31号）では、一般地域の学校統廃合に対する国庫負担率が2分の1であるのに対し、過疎地域の学校統合の場合は3分の2とさらに有利な扱いがなされることになった。こうした統廃合に関連する新校舎建築のための国庫補助率の高さが、無理な統廃合を誘発する一因になったとされる。事実、1968（昭和43）年から74（同49）年の僅か7年間で全国の小中学校の約1割が統合され、しかも統合校の中には6学級以下の小規模校ではない例も多くあった。

2　国が学校統廃合に慎重な姿勢へ転換

(1)　文部省が局長通知で「学校統合は慎重に」へ転換
　　―1973（昭和48）年―

　文部省（当時）は同省初等中等教育局長と管理局長の連名による通知「公立小・中学校の統合について」（昭和48年9月27日付け文初財431号）を都道府県教育委員会教育長宛てに発出した。これは、従来の「学校統合の推進」から「統合は慎重に」へと明らかな方針転換を示すものであった。

　すなわち、同通知は前述した1956（昭和31）年の事務次官通達後の「実施状況にかんがみ、下記のような事項に留意する必要がある」として、まず次のように述べた。

> 1　学校統合の意義及び学校の適正規模については、さきの通達に示しているところであるが、学校規模を重視する余り無理な学校統合を行い、地域住民等との間に紛争を生じたり、通学上著しい困難を招いたりすることは避けなければならない。また、小規模学校には教職員と児童・生徒との人間的ふれあいや個別指導の面で小規模学校としての教育上の利点も考えられるので、総合的に判断した場合、なお小規模学校として存置し充実するほうが好ましい場合もあることに留意すること。

　次いで、管下の市町村指導につき配慮する事項として以下のとおり具体的に指摘した（下線は筆者による）。

> 2　①　<u>通学距離及び通学時間の児童・生徒の心身に与える影響</u>、児童・生徒の安全、学校の教育活動の実施への影響等を十分検討し、無理のないよう配慮すること。
> 　　②　<u>学校統合を計画する場合</u>には、学校の持つ地域的意義等をも考えて、十分に地域住民の理解と協力を得て行うよう努めること。

> ③ 統合後の学校の規模が相当大きくなる場合や現に適正規模である学校について更に統合を計画するような場合は、統合後の学校における運営上の問題や児童・生徒への教育効果に及ぼす影響などの問題点をも慎重に比較考慮して決定すること。

　この通知でいまひとつ注目すべきことは、国が「学校統廃合は、あくまで設置者たる市区町村の判断で行うべきもの」との姿勢を明確にし、現在まで維持されていることである。

⑵　文科省初中局長通知で「通学区域制度の弾力的運用」の周知を要請―1997（平成9）年―

　文部科学省は各都道府県教育委員会教育長宛てに、初等中等教育局長通知「通学区域制度の弾力的運用について」（平成9年1月27日付け文初小第78号）を発出し、市町村教育委員会が学校教育法施行令に基づき就学予定者の就学すべき小・中学校を指定する制度の弾力的運用に努めるよう周知徹底を図ることを求めた。

　その具体的な内容は次の3点である。

- ○　通学区域制度の運用に当たっては、各市町村教育委員会において、地域の実情に即し、保護者の意向に十分配慮した多様な工夫を行うこと。
- ○　就学すべき学校の指定の変更や区域外就学については、地理的な理由や身体的な理由、いじめの対応を理由とする場合のほか、児童生徒等の具体的な事情に即して相当と認めるときは、保護者の申立により、これを認めることができること。
- ○　就学すべき学校の指定の変更や区域外就学の仕組みについては、様々な機会を通じて、広く保護者に周知すること。また、保護者が就学について相談できる体制の充実を図ること。

なお、この通知は臨時教育審議会の「『教育改革に関する第三次答申』について」（昭和62年5月8日付け文初高第190号）で通学区域制度の運用に当たって配慮すべき事項について提言されたこと、行政改革委員会の「規制緩和の推進に関する意見（第2次）」（平成8年12月16日）で学校選択の弾力化が提言されたこと（【分野別各論】11 教育（1））を踏まえてのものであることが明記されている。

3 外部から高まる学校統廃合を求める声

(1) 財政制度等審議会で初めて「学校規模の最適化」を建議
　　―2007（平成19）年―

　国の財政制度等審議会は2007年11月19日、「平成20年度予算の編成等に関する建議」の中で、初めて「学校規模の最適化」について次のとおり建議した。

> ～小規模校の再編効果については、財務省による予算執行調査において、
> ・「友達がたくさんできる」など保護者・児童生徒の約6割は積極的な評価を行っていること。
> ・学校側においても、「適正規模での教育が可能となった」といったことが挙げられていること。
> など教育政策上のメリットが認められている。
> 　また、児童生徒一人当たりのランニングコストも約3割効率化できたとの結果がある。今後は、学校と有機的な関係にある保護者や地域などが教育のパフォーマンスの向上等に資する学校規模の最適化に努めていくことが必要である。

(2) 教育再生会議が「学校の適正配置の推進」を提言
　　―2007（平成19）年―

　第1次安倍内閣が教育改革（再生）への取組みを強化するため2006（平成18）年10月10日の閣議決定により設置した教育再生会議は2007年

12月25日、第3次報告「社会総がかりで教育再生を」で、「5 (5)学校の適正配置を進め、教育効果を高める」として、次のような具体的な提言をした。

○教育効果を高めるため、国は、望ましい学校規模を示す
・学校の適正配置については、それぞれの地域が実情に応じて判断することが基本であるが、国として、教育効果等の観点から、望ましい学校規模を示す。
○国は、統廃合を推進する市町村を支援する
・学校を統廃合した場合における通学の安全確保のためのスクールバス等整備への支援
・廃校となった校舎の自然体験活動施設等としての活用への支援
・学校を統廃合した場合の教員定数の激変緩和、施設整備面等での支援

4　国が再び学校統廃合推進へ転換

(1) 国が「教育振興基本計画」に学校の適正配置推進を明記 ―2008（平成20）年―

　国は教育基本法（平成18年法律第120号）第17条第1項の規定に基づいて2008年7月1日に策定した「教育振興基本計画」に、「学校の適正配置は、それぞれの地域が実情に応じて判断することが基本であるが、国は望ましい学校規模等について検討し、学校の適正配置を進め、教育効果を高める」（基本的方向1-①）と記述した。

(2) 中教審「小・中学校の設置・運営の在り方等に関する作業部会」設置―2008（平成20）年―

　文部科学省の中央教育審議会初等中等教育分科会は2008年6月16日、「小・中学校の設置・運営の在り方等について」専門的な審議を行うための作業部会を設置した。

同部会は通算12回の会議を開催し「教育効果等の観点から望ましい学校規模」を中心として検討を行ったが、2009（平成21）年3月27日の第12回作業部会を最後に審議は中断した。その後、文部科学省がそれまでの同部会で出された意見を取りまとめ、「小・中学校の適正配置に関するこれまでの主な意見等の整理」として同年7月6日に開催された初等中等教育分科会に報告しただけで終わった。

その後、民主党政権が誕生したことなどもあり、中教審等でこの問題について議論されることはなかった。

⑶ 「経済財政運営と改革の基本方針2014」を契機に加速
―2014（平成26）年―

2014年6月24日に閣議決定された「経済財政運営と改革の基本方針2014〜デフレから好循環拡大へ〜」の「第2章 経済再生の進展と中長期の発展に向けた重点課題」の「1 ⑵ 教育再生の実行とスポーツ・文化芸術の振興（教育再生）」に学校規模の適正化が次のように盛り込まれた。

> 〜今後、少子化が更に進展する中、教育の「質」をより重視した取組を強化する。そのため、少子化の見通しも踏まえ教職員の計画的採用を進めつつ、教職員の質的向上や指導力の強化を推進する。学校規模の適正化に向けて、距離等に基づく学校統廃合の指針について、地域の実情も踏まえつつ見直しを進める。

これを契機に学校規模適正化の取組みが再始動し、一気に加速化したように思われる。

⑷ 教育再生実行会議が学校規模適正化に向け指針作成を提言
―2014（平成26）年―

　第2次安倍内閣における教育施策に関して提言を行う私的諮問機関として2013年（平成25年）1月に発足した教育再生実行会議は2014年7月3日、「今後の学制等の在り方について」（第五次提言）を提出した。

　その中で、「学校が地域社会の核として存在感を発揮しつつ、教育効果を高めていく観点から、<u>国は、学校規模の適正化に向けて指針を示すとともに、地域の実情を適切に踏まえた学校統廃合に対し、教職員配置や施設整備などの財政的な支援において十分な配慮を行う</u>。国及び地方公共団体は、学校統廃合によって生じた財源の活用等によって教育環境の充実に努める」と提言した。

⑸ 文科省「学校規模適正化・少子化対応策等の実態調査」を実施
―2014（平成26）年―

　文部科学省は2014年9月、「学校規模の適正化及び少子化に対応した学校教育の充実策に関する実態調査」を実施した。調査の目的、調査の主な内容及び結果の概要等は次のとおりである。

① 調査の目的

　学校統合による学校規模の適正化や、統合が困難な小規模校における教育の活性化など、各都道府県・市区町村教育委員会における少子化に対応した取組みの状況などについて調査を行い、少子化や人口減少時代に対応した活力ある学校作りに関する施策の検討に資する。

② 調査の主な内容とその結果

　調査時点は2014年5月であり、調査対象は全都道府県教育委員会及び全市区町村の教育委員会である。
　調査事項は多岐にわたるが、ここでは都道府県調査の主な結果につい

て簡単に述べる。

〈都道府県調査の主な結果〉
○市区町村による学校規模適正化の取組みに対する支援
　「積極的に支援している」は6都道府県（以下、「県」）にとどまるが、24県が「要請に応じて支援している」と答え、「特に支援していない」は17県である。
○市区町村への具体的な支援の内容
　支援している30県による具体的な支援内容は、「激変緩和のための学習面・生活面の支援の観点からの人事面での措置」が16県と最も多く、次いで「統合校の教員定数減の緩和措置」が12県、「指針や手引き等参考となる考え方の提示」が11県、「学校の適正規模の基準の設定」が9県、「事務量、調整業務の増に対する人事面での措置」が8県の順になっている。
○学校規模適正化に関し定めている基準
　「定めていない」が35県で圧倒的に多い。定めている場合は「学級数」が10県、「各学年又は各学級の最低限の児童生徒数」が3県となっている。
　この問いに関連する「地域特性を考慮した特別な基準を別途定めているか」については、「定めていない」が46県である。
　また、「学校規模適正化の要検討基準を別途定めているか」との問いに対しては、「定めていない」が45県と圧倒的に多い。「定めている」とした2県による要検討基準の内容は次のとおりである。
【A県の場合】
　・小学校において、すべての学年でクラス替えができない1学年1学級の学校について、統合を検討すべきである。
　・中学校において、クラス替えができない5学級以下の学校について、統合や近隣校との学区の見直しを検討すべきである。
【B県の場合】
　・現状の学校規模や地理的な条件等から、適正な学校規模になること

が見込めない場合においては、子どもたちを取り巻く環境の変化等を踏まえ、学習活動の一層の活性化や、複式学級の解消が図られるよう、小中学校とも1学級あたりの最小限の児童生徒数を20〜25人程度と設定し、その児童生徒数の確保に向けた統合等への取組みが望まれる。

○域内の市区町村（以下、「市町村」）の小・中学校の学校規模適正化に関する現状認識

　「一部市町村において検討課題」が16県、「相当数の市町村において検討課題」が15県と拮抗し、現状がすでに検討課題であるとの認識を有する県が圧倒的に多い。

　さらに「現時点では大きな課題だと考えていないが、近い将来一部の市町村で検討課題となることを想定」が9県ある。

○市町村が取り組んでいる「小規模校のメリットを最大化する方策」

　県が「ほとんどの学校で取り組まれている」と「多くの学校で取り組まれている」と認識している割合が高い方策は、「年間を通じて地域人材を活用した郷土学習を実施」（両者合わせて35県）が最も多く、以下「意図的に全員に様々な役職を経験させる」と「授業でのきめ細かな指導や放課後や長期休業中の補習等を徹底し、全員に一定レベルの基礎学力を保障」（ともに30県）、「総合的な学習の時間などで個に応じた学習課題を設定」（29県）、「通常個別指導の徹底が難しいといわれる教育活動（スピーチ、外国語の発音指導等）できめ細かな指導を徹底し成果を出している」（27県）の順となっている。

　一方で、県が「ほとんど取り組まれていない」と認識しているのは、「市町村の補助により短期留学やホームステイなどを実現」（33県）が最も多く、僅差で「教育課程の特例の設定を可能とする制度を利用して特色ある取組を実施」（32県）、「小規模特認校制度を導入」（29県）が続く。

○小規模校におけるデメリットの最小化方策

　県が「ほとんどの学校で取り組まれている」と認識している方策はほとんどなく、「多くの学校で取り組まれている」と考えている方策として「学校間で年間を通じて学校行事を合同実施」（11県）と「複数校間

で学校事務を共同実施」（10県）が目立つだけである。ただし、「一部の学校で取り組まれている」と認識している方策は、「放課後の異年齢交流や体験・学習活動の充実のため、放課後子供教室を実施」（27県）、「小規模校同士で合同の校内研修を実施」（24県）、「学校間で年間を通じて学校行事を合同実施」と「地域人材の活用を促進し社会性育成に資するため、学校支援地域本部を導入」及び「追加的な人的措置による複式学級の解消」（いずれも23県）の順になっている。

　さらに、「ほとんど取り組まれていない」が高率を占める方策は、「分校生徒が一定期間継続して本校に通う取組を実施」（42県）、「福祉施設との合築による社会性育成機能の強化」（41県）、「社会教育施設との合築による社会性育成機能の強化」（38県）、「複数学校間で教科等の専門性を生かした教員の巡回指導システムを導入」（36県）などが目立っている。

○県として小規模校のメリットを生かし、デメリットを克服するための積極的な取組みの状況

　「行っていない」が31県で最も多く、「行っている」は12県にとどまる。4県が「検討中」である。

　12県が行っている主な内容は次のとおりである。
　・複式解消に関わる学級編制基準を国の基準よりも低く設定し、加配措置をする。
　・へき地教育のための研究会の実施、複式学級の学習指導資料の作成
　・人口減少社会に対応した学校教育のモデル事業を実施
　・小規模学校における指導方法に係る出前研修の実施
　・へき地複式教員研修会の実施
　・小中学校事務の集中化の推進

※ここでの調査結果の記述については、2015（平成27）年1月19日に開催された文部科学省中央教育審議会初等中等教育分科会での配付資料2-3「学校規模の適正化及び少子化に対応した学校教育の充実策に関する実態調査について」に拠った。

⑹ 「まち・ひと・しごと創生総合戦略」に「学校統合の検討」を盛り込む―2014（平成26）年―

　2014年12月27日に閣議決定された「まち・ひと・しごと創生総合戦略」の「Ⅲ　今後の施策の方向　2　政策パッケージ　(4) 時代に合った地域をつくり、安心なくらしを守るとともに、地域と地域を連携する」の「(ア) ‒② 公立小・中学校の適正規模化、小規模校の活性化、休校した学校の再開支援」を具体化する取組みについて、次のように述べる。

> 　集団の中で切磋琢磨しつつ学習し、社会性を高めるという学校の特質に照らし、学校は一定の児童・生徒の規模を確保することが望ましいが、今後少子化の更なる進展により、学校の小規模化に伴う教育上のデメリットの顕在化や、学校がなくなることによる地域コミュニティの衰退が懸念されており、各市町村の実情に応じた活力ある学校づくりを推進する必要がある。
> 　そのため、地域コミュニティの核としての学校の役割を重視しつつ、活力ある学校づくりを実現できるよう、学校統合を検討する場合や、小規模校の存続を選択する場合、更には休校した学校を児童生徒の増加に伴い再開する場合などに対応し、活力ある学校づくりを目指した市町村の主体的な検討や具体的な取組をきめ細やかに支援する。

⑺ 文科省が「適正規模・適正配置等に関する手引」を策定―2015（平成27）年―

　文部科学省は2015年1月27日、約60年ぶりに公立小・中学校の適正規模・適正配置の手引を見直し、新たに「公立小学校・中学校の適正規模・適正配置等に関する手引～少子化に対応した活力ある学校づくりに向けて～」を策定して各都道府県・指定都市教育委員会教育長、各都道府県知事、各国公私立大学長宛てに通知した。

第1章　国による適正規模・適正配置対策の経過

【手引見直しの経緯と趣旨】

　事務次官名による「公立小学校・中学校の適正規模・適正配置等に関する手引の策定について（通知）」（平成27年1月27日付け26文科初第1112号）では、約60年ぶりに手引を見直した経緯や趣旨について次のように述べている。

> 　学校教育においては、児童生徒が集団の中で、多様な考えに触れ、認め合い、協力し合い、切磋琢磨することを通じて一人一人の資質や能力を伸ばしていくことが重要であり、小・中学校では一定の集団規模が確保されていることが望まれます。
>
> 　このため、文部科学省ではこれまで、学校教育法施行規則（昭和22年文部省令第11号）第41条、第79条及び義務教育諸学校等の施設費の国庫負担等に関する法律施行令（昭和33年政令第189号）第4条により、公立小学校・中学校の学級数の標準や通学距離の条件を示すとともに、「公立小・中学校の統合方策について」（昭和31年11月17日付け文初財503号）、「学校統合の手引」（昭和32年）及び「公立小・中学校の統合について」（昭和48年9月27日付け文初財431号）を発出すること等をもって、学校規模の適正化や学校の適正配置を適切に推進するよう求めてきたところです。
>
> 　しかしながら近年、家庭及び地域社会における子供の社会性育成機能の低下や少子化の進展が中長期的に継続することが見込まれること等を背景として、学校の小規模化に伴う教育上の諸課題がこれまで以上に顕在化することが懸念されています。
>
> 　このような中、公立小学校・中学校の設置者である各市町村においては、それぞれの地域の実情に応じて、教育的な視点から少子化に対応した活力ある学校づくりのための方策を継続的に検討・実施していくことが求められています。その際、学校統合により魅力ある学校づくりを行う場合や、小規模校のデメリットの克服を図りつつ学校の存続を選択する場合等の複数の選択があると考えられます。
>
> 　このことから、文部科学省においては、公立小・中学校の設置者であ

> る市町村教育委員会が、学校統合の適否又は小規模校を存置する場合の充実策等を検討する際や、都道府県教育委員会が、これらの事柄について域内の市町村教育委員会に指導・助言・援助を行う際の、基本的な方向性や考慮すべき要素、留意点等をまとめた「公立小学校・中学校の適正規模・適正配置等に関する手引～少子化に対応した活力ある学校づくりに向けて～」(以下「手引」という。)を別添の通り策定しました。

なお、国公私立大学長も通知の宛先になっていることについては、「学校統合に関して設置者が留意すべき点として、地域の大学等との連携について記載している旨を御了知の上、市町村や都道府県から相談等が寄せられた場合には、地域における知の拠点として、可能な限りの御協力をお願いします」と説明している。

また、旧来の関連通知や手引き等について、「本通知及び手引の策定をもって、『公立小・中学校の統合方策について』(昭和31年11月17日付け文初財503号)、『学校統合の手引』(昭和32年)及び『公立小・中学校の統合について』(昭和48年9月27日付け文初財431号)は廃止」と明記した。

【手引の要点】

手引の主たる内容は次のとおりである。

① 基本的な考え方
ア　学校規模適正化の検討は、児童生徒の教育条件をより良くする目的で行われるべきものである。
イ　統合するか、統合しないまま小規模校の良さを生かした学校づくりをするか、休校した学校の再開を検討するかなどは、地域の実情に応じたきめ細かな分析に基づいた設置者の判断によるべきものである。

ウ （児童生徒数や学級数だけではなく）コミュニティの核としての学校の性格や地理的な要因・地域事情等に配慮する必要がある。特に過疎地など、地域の実情に応じて小規模校の存続を選択する市町村の判断も尊重する。

② **手引の位置づけ**

各都道府県・市町村のニーズにもとづき、中央教育審議会等におけるこれまでの審議や全国的な取組み状況などに関する調査の結果等を踏まえ、❶各市町村が学校統合の適否やその進め方、小規模校を残す場合における充実策等について検討したり、❷都道府県がこれらの事柄について市町村に指導・助言・援助を行ったりする際の基本的な方向性や考慮すべき要素、留意点等を取りまとめたものである。

③ **学校規模の適正化について**
〔検討にあたり考慮すべき観点〕
ア 法令上、学校規模の標準は、学級数によって設定されており、小・中学校ともに「12学級以上18学級以下」が標準とされているが、「特別の事情があるときはこの限りでない」と弾力的なものになっていることに留意する必要がある。
イ 「標準規模未満」の学校といっても、その抱える課題は多様である。そのため、学校規模適正化の検討に際しては、12学級を下回るか否かだけでなく、下回る程度に応じて具体的にどのような教育的課題があるのかを考える必要がある。
ウ 実際の小・中学校の教育活動を見れば、同じ学級数の学校であっても、児童生徒の実数により、教育活動の展開の可能性や児童生徒への影響は大きく異なる。このため、学校規模の適正化に当たっては、法令上の標準学級数に加え、1学級あたりや学校全体の生徒数なども合わせて総合的に検討する必要がある。

〔学校小規模化による影響例〕

学校小規模化の影響について、学級数の観点に加え、様々な観点から整理している。

例えば、「学級数が少ないことによる学校運営上の課題」としては、(ア) クラス替えできず人間関係が固定化、(イ) 集団行事の実施に制約、(ウ) 部活動の種類が限定、(エ) 授業で多様な考えを引き出しにくい、等をあげている。

また、「学校運営上の課題が児童生徒に与える影響」として、(ア) 社会性やコミュニケーション能力が身につきにくい、(イ) 切磋琢磨する環境の中で意欲や成長が引き出されにくい、(ウ) 多様な物の見方や考え方に触れることが難しい、等をあげる。

こうした小規模化の影響を踏まえたうえで、現行の学校規模の標準（12～18学級）を下回る場合の対応の大まかな目安について、小学校の場合と中学校の場合に分け、学級数の状況ごとに細かく区分して提示している。

④ 学校の適正配置（通学条件）

従来の通学距離の基準（小学校は4km、中学校は6km以内）に加え、スクールバスの利用など通学実態の多様化を踏まえ、通学時間1時間以内を一応の目安として市町村が判断することにした。

この他にも、⑤ 学校統合を検討する場合の留意事項、⑥（学校統合を選択せず）小規模校を存続させる場合の教育の充実方策、⑦ 休校した学校の再開等について、細かく提示している。

そして、最後に都道府県の指導・助言・援助の在り方について述べ、締めくくっている。

【手引の受け止められ方】

　この手引は関係者等にどのように受け止められているのであろうか。

　一般的には「さらなる統廃合を促進するものである」との受け止め方が強いように思われる。たしかに、これまで述べてきたように文教行政を超えた一般行政分野からも、主に財政的な観点で「学校規模適正化・適正配置の必要性」が繰り返し提言される大きな流れの中で策定された手引であり、内容的にも小学校で6学級以下、中学校で3学級以下の場合（ともに複式学級、あるいはその可能性あり）には、「学校統合等により適正規模に近づけることの適否を速やかに検討する」ことを求めていることなどからすれば無理からぬところもある。

　けれども手引では、学校の適正規模・適正配置が「飽くまでも児童生徒の教育条件の改善の観点を中心に据え、学校教育の目的や目標をより良く実現するために行うべきもの」との考えを基本としている。そして、小規模校にも多くの利点があることを明記し、小規模校のまま存続させるか統合するかは、設置者たる市町村が地域の実情を十分に分析検討して決定すべきことを繰り返し述べている。

　手引はさらに、存続させる場合には小中一貫教育やコミュニティ・スクール制度等の導入、あるいはICTの活用などによりメリットを最大化し、デメリットを最小化する具体的な方策なども提案している。

　こうしてみると、手引は決して学校統廃合を一方的に促進するためだけに策定されたものではなく、関係者がこの手引を存分に活用し地域の実情に沿う結論を出す参考にするため、策定されたものだと思われる。

⑻　自治体が少子化対応に活用できる予算事業の情報提供
　　　―2015（平成27）年―

　文部科学省は前述した「公立小学校・中学校の適正規模・適正配置等に関する手引」の策定について通知した翌日の2015年1月28日、初等中等教育局初等中等教育企画課教育制度改革室長名の事務連絡「少子化

に対応した活力ある学校づくりに活用可能な予算事業について」で、手引に関連する取組みにあたって各都道府県教育委員会や市町村教育委員会が活用できる予算事業について別紙「活用可能な予算一覧」としてまとめて通知し、都道府県及び市区町村の取組みを促す形となった。

　この一覧は「①施設・設備・スクールバス等」「②教職員等配置の充実」「③教育の質の向上」「④学校を核とした地域活性化等」の4項目に分類されていた。

　これら4項目のうち、都道府県及び市町村が対応しようとすれば必要な予算も多額になるゆえ、必然的に関心が高くなると思われる「①施設・設備・スクールバス等」の主要な内容は次の諸点である。

　〇施設整備補助

　　従来は学校施設の改修に係る補助率を3分の1としていたが、2015年度から学校統合に際して必要な施設整備について改修に係る補助率を新増築と同等の2分の1とし、財政負担の少ない既存施設を活用した取組みがしやすいようにした。

　〇通学の支援

　　統合により児童生徒の通学距離が拡大するのに対応するスクールバス・ボートの購入や通学費補助などに要する経費の2分の1を補助する。

　また、「②教職員等配置の充実」も教育活動の内容に直結するが、施設等の整備と同様に多額の経費を要するため注目度が高い。その主要な内容は次のとおりである。

　〇教員定数加配

　　2014（平成26）年度から統廃合による学級減等の影響で統合後の教職員定数が激減するのを緩和する加配を始めた。さらに2015年度からは、統合に伴う業務の増加に対応するため統合の前年まで加配措置を拡大し、2016年度からは統合後5年まで措置を拡大した。

「③教育の質の向上」と「④学校を核とした地域活性化等」に関しては、「小中一貫教育推進事業」「コミュニティ・スクール導入等促進事業」「学校・家庭・地域の連携協力推進事業」（学校を核とした地域力強化プランの一部）など既存の事業が多い。主要な新規事業は次のとおりである。
○少子化・人口減少社会に対応した活力ある学校教育推進事業
　少子化に対応した小・中学校教育を高度化する取組みを加速させるため、（ア）学校統合による魅力ある学校づくりのモデルや、（イ）地理的要因等により学校統合が困難な地域等において小規模校のメリットを最大化し、デメリットを最小化させるためのモデルづくりを目指す調査研究を市区町村教育委員会等に委託する事業。

　なお、こうした文科省初等中等教育局初等中等教育企画課教育制度改革室長名による情報提供の事務連絡は、2016年2月8日にも発出された。

【参考文献】
1　今村武俊「学校統合問題の考え方について」（『学校経営』第1巻第3号　1956年）
2　若林敬子『学校統廃合の社会学的研究』（御茶の水書房　1999年2月）
3　本多正人「平成の合併と自治体教育財政の課題」（国立教育政策研究所（研究代表者　屋敷和佳）「市町村合併に伴う自治体行財政構造の変容と学校教育体制の再編に関する研究」11～21頁　同研究所　2007年9月）
4　安田隆子「学校統廃合──公立小中学校に係る諸問題」（国立国会図書館「調査と情報」第640号所収　2009年4月）
5　屋敷和佳「小・中学校統廃合の進行と学校規模」（『国立教育政策研究所紀要』第141集　特集：人口減少下の学校の規模と配置　2012年3月　19～41頁）
6　橋本昭彦「1950年代後半の小規模学校区における学校統合過程の一考察」（『国立教育政策研究所紀要』第141集　特集：人口減少下の学校の規模と配置　2012年3月　73～83頁）

第2章

事例からみた小規模校対策の実際

　多くの市町村において、児童生徒数の急激な減少と、それに伴う小規模校の急増傾向が深刻な状況になってからすでにかなりの年月が経った。そのため、全国各地における小規模校対策も多くの実践事例が積み上がっている。
　それらのうち、私がこの数年内に取組みの現地を訪ね、関係者から直接聞き取りをさせていただいた事例の中から、多くの関係者にとって参考になると思われる取組み例を選択して紹介することにしたい。
　なお、本章におけるデータ等の数値については取材時のものを記載した。

第2章　事例からみた小規模校対策の実際

事例1　統廃合のデメリットを最小化しようとする取組み事例 ―その1―

佐賀県多久市
〜統廃合を契機に、小中一貫→CS→義務教育学校へ段階を踏んで実現した取組み〜

《ワンポイント・ガイド》

　この事例は、小規模校対策の一環として市内にある7つの小学校を3つの中学校の敷地にまとめるという思い切った統廃合を行うとともに、そうした取組みで得られる成果を最大化することを目指す一方で、デメリットは最小化するため、小中一貫教育と学校運営協議会制度を同時に導入した取組みである。

　さらに2017（平成29）年度からは、全校を義務教育学校とするなど、引き続き積極的な取組みを行っている点で注目される。

　また、こうした取組みにあたり、必要だと思われるステップを丁寧に踏んでいることも注目すべき点である。

1　多久市の概要

　多久市は佐賀県のほぼ中央部に位置し、四方を山に囲まれた盆地で、面積は96.96平方キロメートル。東と北は小城市小城町、佐賀市富士町、西と北は唐津市厳木町・相知町、南は小城市牛津町、杵島郡江北町・大町町、西南は武雄市と接している。

　1954（昭和29）年5月1日、北多久町・南多久村・東多久村・西多久村・多久村が対等合併して多久市が発足。人口は1万9,204人（2017年8月1日推計）である。

2　多久市における小・中学校の再編の経過

　多久市における取組みは、学校統廃合に至るまで必要だと思われるステップをきちんと踏みながら進めたことが特色であり、以下にそうした取組みの経過を少し丁寧に追ってみることにする。

(1) 行政改革大綱の策定が出発点

　学校統廃合への取組みのスタート点は、「第7次行政改革大綱」（計画期間：平成17年4月1日～平成22年3月31日）の策定であった。

　同大綱では、「少子化に伴い児童生徒数が減少し、学校行事の規模が縮小されるなか、運営に制約が加わり、クラブ活動においても、クラブの選択が難しくなるなど子供たちに対しデメリットの部分もあり、また、効率的な施設運営を図る上で検討が必要」とされていた。

　そのため、多久市立小中学校適正規模・適正配置検討委員会を設置し、2005（平成17）年度から検討を開始して、2007（平成19）年度中に結論を出すとの計画であった。

(2) 多久市立小中学校適正規模・適正配置検討委員会の設置

　本委員会の設置は、2005（平成17）年度のほぼ1年間かけ、市教育委員会内部での体制整備や委員会としての学校規模適正化の方向性を定める議論を行ったため、大綱の計画より1年遅れ、第1回委員会の開催が2006（平成18）年7月24日となった。

　委員数は12人（学識経験者6人・関係団体代表4人・教職員2人）であった。

　市教育委員会から検討委員会への諮問内容は、おおよそ次のようなものであった。

> 　少子化、人口の減少に伴い市の児童生徒数は、平成8年度で小学校1,862人、中学校で1,012人、計2,874人が、平成18年度は小学校1,365人、中学校674人、計2,039人と約800人（約29％）減少し、一部の学校では、複式学級の編制となっています。少人数のよさも多々ありますが、極端な少人数での学級では、様々な問題を抱えており、この傾向は、今後も年々強まる傾向にあります。このような状況の中、現在の7小学校（1分校）・3中学校体制について将来いかにあるべきかを主題に検討をする必要があります。

第2章 事例からみた小規模校対策の実際

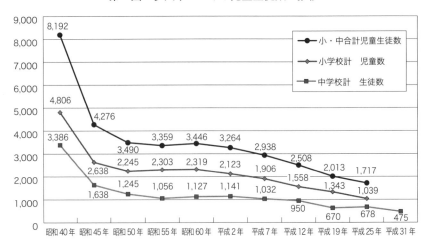

第1図 多久市における児童生徒数の推移

(学校基本調査　各年5月1日現在（平成25年以降は住民基本台帳登録人口で予測）より、多久市教育委員会作成・提供）

(3) 多久市立小中学校適正規模・適正配置検討委員会の経過

　2006（平成18）年8月に開催された第2回検討委員会では、緊急性の高い問題から検討し、随時答申することを確認。そのうえで、最初に市立南部小学校南渓分校のあり方について検討し答申することを決定した。

　同年10月に開催された第3回検討委員会では早くも、市立南部小学校南渓分校のあり方について検討し、本校へ統合する方向での答申案を決定した。

　この案について同分校保護者との意見交換会等を経て同年11月9日、「（分校の）建物も改築後54年経過と老朽化しており、児童数も今後明らかに減少傾向であり、本校との統合が望ましい」と答申した。

　この答申を受け、市教育委員会は同日の定例委員会で「答申どおりに進める」ことを決定。市長は同月11日、市としても答申を尊重し、地域住民の理解を得て進めることを市長として決裁した。

　しかし、多久市における学校統合への取組みはこれでは終わらず、地域住民との濃密なやりとりが延々と続けられた。すなわち、南渓分校区での

事例1 統廃合のデメリットを最小化しようとする取組み事例―その1―／佐賀県多久市

　全体説明会の他、校区内の6地区別の説明会、保護者及び入学予定者との意見交換会やアンケート調査の実施、市議会議員と地区住民との意見交換会、分校保護者会から提出された要望書に対する回答説明会など、地域の様々な人々との説明会・意見交換会などを続け、そうした場には教育長のみならず市長も頻繁に出席したことが関係資料に記録されている。

　そして、市が同分校関係区長に2008（平成20）年3月31日をもって本校に統合することを文書で正式に通知したのは、2007（平成19）年11月20日であった。

　この間も、検討委員会は会合を重ね、分校を除く6小学校3中学校体制のあり方について検討を続けた。そして、2007年6月27日に開催された第6回検討委員会では、市教育委員会から児童生徒数の推移について説明があった後、それへの対処策として小中一貫校についての提案が行われた。市教育委員会が述べた要旨は次のようなことであった。

　～現在の学校には、児童生徒の学力面の不安、さらに、いじめや不登校、学級崩壊、問題行動の低年齢化、小1プロブレム、中1ギャップなど心の問題をはじめ、多くの課題が山積みしている。小学校は学級担任制で、中学校は教科担任制に変わり、個人差があるにしても多かれ少なかれ「学校生活に対するとまどい」から「学校生活に対する意欲の低下」につながっていく状況がみられ、この傾向が強くなり学習離れや学校嫌いの大きな要因の一つになっている。一方、保護者や市民はこういった問題を学校が解決してくれることを強く期待する傾向が強い。

　この解決策の一つとして、小学校と中学校の接続による9年間の一貫した新しい教育システムである「小中一貫教育」が注目をあびている。

　同年8月に開催された第7回検討委員会でも小中一貫教育について審議が続けられた。さらに、11月には検討委員会委員と教育委員や市議会議員等が、一貫校としてすでに全国的に知られていた佐賀市立芙蓉小・中学校研究発表会を視察した。

そのうえで、12月19日に開催された第10回検討委員会で中間答申を行った。同答申の内容は次のようなものであった。

> 　小中学校における諸課題を解決するとともに、保護者や地域の多様なニーズに積極的に応えるため、
> 　ア　小学校高学年から中学校進学時に生じる子どもたちの心理的不安を軽減し、義務教育9年間を見通した教育課程を編成し、系統的・継続的な教育活動を展開できる学校
> 　イ　同年齢・異年齢集団による多様な活動を通して、豊かな人間性や社会性を育むことができる学校
> 　ウ　地域のコミュニティセンターとしての役割を担う学校
> を基本としながら、小中一貫教育を基軸とする学校規模の適正化と適正配置を考えていく必要がある。

また、小中一貫教育を中核とする新しい教育システムの構築を課題として示し、おおよそ次のような具体的な提言を行った。

> 1．最も望ましい教育環境実現のため統合・再編を早急に進め、市内に3中学校区のまとまりをつくる（平成23年を目途とする）。
> 2．統合にあたって、一部新たな学校を建設し、一部既存の施設を活用する。
> 3．小中一貫教育の研究を進め、その導入を図る。
> 4．スクールバスの導入を図り、通学対策を総合的に講じる。
> 5．多久市の特色を生かした学習ができるような創意工夫をする。
> 6．跡地や跡施設は、地域活性化につながる活用を検討する。

　こうした提言は検討委員会として一応の論議を尽くした「最終答申」とするところであったが、委員の中には取りまとめた成果を市民・保護者等に公開し、幅広く意見を拝聴し、それを可能な限り「最終答申」に反映させたいという意向が強く、あえて「中間答申」として公表された。

多久市ではここでも、前述した南部小学校南渓分校の本校への統合を最終決定した時のように、関係者や関係団体へその内容を説明し、幅広く意見を聞くという手順を踏んだ。

　すなわち、半年間以上にわたり、6小学校と3中学校の保護者のみならず、すべての幼稚園・保育所の保護者会、校区ごとの区長会、育友会、関係団体、市議会等に中間答申の内容を説明し、幅広く意見を拝聴するという段取りを徹底して踏み、そうした説明会・意見交換会は実に約60回に及んだ。そのうえで、2008（平成20）年8月1日に開催された第13回検討委員会で最終答申案を決定し、同月11日に提出された最終答申は、中間答申の内容を踏まえつつ、次のように統合する学校の組み合わせ案などを含む具体的な提言であった。

「多久市立小中学校の適正規模・適正配置のあり方について」（最終答申）
1. 最も望ましい教育環境実現のための統合・再編を進め、市内に3中学校区のまとまりをつくる。（平成23年4月1日を目途とする。）
　○納所小学校と東部小学校を統合し、東部中学校との小中一貫教育を行う。
　○西部小学校と中部小学校を統合し、西渓中学校との小中一貫教育を行う。
　○南部小学校と緑が丘小学校と北部小学校を統合し、中央中学校との小中一貫教育を行う。（中央中学校敷地に小学校を新築する。）
2. 統合にあたって、一部新たな学校を建設し、一部既存の施設を活用する。
3. 小中一貫教育の研究を進め、その導入を図る。
4. スクールバスの導入を図り、通学対策を総合的に講じる。
5. 多久市の特色を生かした学習ができるような創意工夫をする。
6. 跡地や跡施設は、地域活性化につながる活用を検討する。

　また、この答申には次のような「付帯意見」がつけられていた。

> 〜略〜
>
> 　本答申を実行するに当たっては、特に次の点を行政、市民が一体となって取り組む必要があると考える。
> 1. 統廃合について
>   学校は子どもたちに望ましい教育環境を提供することを第一に考えての答申であるが、学校が地域で果たしてきた歴史的役割や地域事情に配慮し、保護者や地域住民と十分に協議を重ね、共通理解を得て進められたい。
> 2. 校舎建設、既存校舎の改築について
>   校舎建設、既存校舎の改築については、教育現場等と十分協議し一貫教育の効果を発揮できる施設にすること。
> 3. 小中一貫教育について
>   小中一貫教育の研究については、これまでの多久市で積み上げられてきた「小中連携教育」を基盤にしながら、研究を深め導入を図ること。
>   小中一貫教育については、現在も全国各地で実施されたり検討を図られたりしている事例も多くあることから、導入に向けて参考となる事例も研究し、よりよい小中一貫教育となるよう積極的に取り入れていくこと。
> 4. スクールバスの導入について
>   〜省略〜
> 5. 多久市の特色を生かした学習
>   〜省略〜
> 6. 跡地や跡施設の活用
>   〜省略〜

そして、「おわりに」では、次のように締めくくられていた。

> 〜統廃合にあたっては、学校設置者である多久市が、より質の高い教育を目指すという姿勢を保護者や地域住民に示すことが肝要であるこ

> と、また、小中一貫学校に統合再編され、小中一貫教育を行う新たな学校教育が生まれると考えうることから、市全域の新しい学校が同時に開校することが望ましいとの考えに至った。
>
> 〜中略〜
>
> 　多久市の将来を担う子どもたちのために、限られた資源（人材、施設、財源等）を有効に活かす工夫と努力が、現在と将来に責任をもつ人間として、本検討委員会も含めて行政、市民に等しく求められていると考える。
>
> 　本答申は「子どもたちにとって何が望ましいのか」という基本的な視点に立ってまとめたものである。
>
> 　市と教育委員会には、答申を着実に実行に移すことを期待するものであるが、その際は地域住民に十分な説明を行い、理解を得る努力を怠るべきでないと考える。
>
> 　統合される地域の思いを十分に斟酌し、地域の歴史的背景や郷土を愛する気持ちに十分な配慮を払いながら、きめ細かい対応をしていただくよう強く要望するものである。

　2008年8月11日に最終答申を受けた市教育委員会は即日、ただちに臨時委員会を開催し、答申に示された小中学校の再編及び小中一貫教育の導入を2011（平成23）年4月から行うことを決定した。

　同月25日に開催された市の庁議において、多久市として検討委員会の提言を受け入れ市立小中学校の再編と小中一貫教育の導入に取り組むことを決定したが、取組みの困難さを考慮したことや地方債の償還計画との関係で、導入時期は2013（平成25）年4月に変更された。

3　小中一貫教育の導入

(1)　導入前の取組み

　最終答申から一貫教育の導入までの間も、市教育委員会は市議会、小中学校の保護者、幼稚園・保育所通園者の保護者会、区会、関係団体等への説明や意見交換会を約70回開催した。

また、多久市では東部中学校が校区内の小学校と連携し、2001（平成13）年度から小中一貫教育の研究に取り組んでいた。さらに、市内全校としても市教育委員会の委嘱研究として2007（平成19）年度から2009（平成21）年度には「『確かな学力』をつなぐ9年間」、2010（平成22）年度から2012（平成24）年度には「学びをつなぎ、かかわりをつなぐ9年間」をテーマとして小中一貫教育の研究に取り組んだ。

(2) 教育課程の編成と運営等

　このような事前準備を重ねたうえで2013（平成25）年4月に始まった多久市の小中一貫教育は、よくある「できるところから」ではなく、3校同時にスタートした。

　実施の形態は、校舎一体型2校、同一敷地内併設型1校である。

　導入前に大きな議論となった児童生徒の通学方法については、スクールバス17台が24路線で、登校時には1便、下校時には各3便運行されている。小学生は通学距離2キロ（通学時間30分）を超える者、中学生は6キロを超える者が利用できる。

　小・中学校が教育目標や目指す児童生徒像・教師像を共有しており、義務教育9年間を見直した次のような3段階の区割りを行っている。

◇前期（基礎期）1～4年生
　　基礎的・基本的な学習内容の定着
　　家庭との連携を生かした学習・生活習慣の定着
　　集団生活や人間関係の基盤形成
　　自己有用感の育成と確立
◇中期（充実期）5～7年生
　　基礎的・基本的な学習内容の定着と活用
　　個に応じた学習の深化とリーダー力の養成
　　社会性・規範意識の育成
　　自己肯定感の育成

自尊感情の回復
◇後期（発展期）8〜9年生
　　　基礎的・基本的な学習内容の活用と応用
　　　進路希望の実現への指導と支援
　　　自己実現のプロセス確立
　　　自己決定力の育成

　また、小中一貫校としては、「学力向上」「心の教育」「多久学」「交流活動」「ICT教育」「国際化」の6本の大きな柱を立てて取り組んでいる。
　このうち、例えば「多久学（多久ならではの特色ある教育）」は重点学年として3・4年生を位置づけ、社会科や総合的な学習の時間を中心に進めている。礼儀正しさや思いやりなど子どもたちの心を育み、学力の向上につながるよう、孔子の「論語」に親しめる百人一首形式の「論語カルタ」を教育に取り入れている。この多久学の教材として市教委版『わたしたちの多久市』『多久学のすすめ（全24巻）』が作成され、活用されている。
　また、「ICT教育」は電子黒板を活用し、児童生徒にとって楽しく、興味関心が高まり、成果を上げる学習を展開している。同市は、県内の市町に先駆け、電子黒板を市内小学校全教室に、中学校は学級数分を教室や特別教室に配備するなどICT利活用教育に力を入れている。
　さらに、「国際化」は全校の小学校5・6年生に、週1時間の「外国語活動」を教育課程に位置づけ、市採用のALTと小学校英語活動支援員を配置して、児童の英語教育に力を入れている。
　このほか、交流活動は小中連携を柱とした活動はもちろん、各校区にある幼稚園・保育所と小学校の交流や市内の総合学科を有する県立高校との交流なども活発に展開されている。

(3) 兼務発令や乗り入れ等

　3校の全教職員が、小・中それぞれの兼務発令を受けている。

実施形態から乗り入れの条件に恵まれていることもあり、特に中期を中心に積極的な取組みが行われている。合同授業も同様である。

4　学校運営協議会制度（コミュニティ・スクール）の導入

多久市は2016（平成28）年4月、市内全校をコミュニティ・スクール（以下、「CS」）に指定した。

同市におけるCSはあくまで根拠法である地方教育行政の組織及び運営に関する法律に基づくものである。同法第47条の6では、校長が作成した教育課程や基本方針等の承認権、学校の運営等について学校や教育委員会に意見を述べることができること、教職員の採用・任用に関する意見を述べることができることを明確にしている。

また、組織的には一貫校の3校別々に学校運営協議会を置き、それらの全委員は市CS委員会の委員を兼務する。

そして、同市の様々な広報資料等によれば、市教育委員会は「熟議と協働」を通して、保護者や地域の人々が学校運営に参画することで、市民とともに作り上げる「多久市小中一貫校：CS」の推進を目指すと繰り返し述べている。

小中一貫教育とCSの一体的な取組みにより、保護者や地域住民の学校運営や教育活動への参画・支援を促し、学校教育に対する保護者や地域住民等の関心と理解を高めようとする多久市教育委員会の姿勢は、前述した学校統廃合と小中一貫教育の方針や具体的な取組み内容等を決するにあたり、幅広い関係者等への説明と意見交換を徹底して繰り返した姿と重なる。

5　「義務教育学校」の導入へ

多久市は小中一貫教育への取組みが5年目になる2017（平成29）年4月1日、一貫教育校の3校を、改正された学校教育法第1条に基づく新たな校種である義務教育学校とした。

事例1 統廃合のデメリットを最小化しようとする取組み事例—その1—／佐賀県多久市

　ここでも多久市は、義務教育学校が法制化された時には小中一貫教育への取組み開始からすでに3年経過しており、移行への条件が整っていたにもかかわらず、あえて法制化後の1年間を準備期間とした。そして、この1年間は実施に向けた調査・研究とともに、様々な広報活動を積極的に行った。

　まず校名については、これまで小中一貫校の愛称として使ってきた多久の伝統教育を引き継いだ「東原庠舎（とうげんしょうしゃ）」（江戸時代に領主・多久茂文公によって設置された身分の区別なく庶民にも門戸を開いた学問所）の名称を正式校名とした。すなわち、市立東原庠舎東部校、同中央校、同西渓校となった。

　また、同市教育委員会は、今回の制度化は多久市のこれまでの取組みが制度化されたものであり、学力向上や豊かな人間性の育成、中1ギャップの解消を目指して取り組んできた「小中一貫教育」を一層推進することができるようになると説明している。

　そのうえで、移行の意義については、次の2点を強調している。

○子どもへの愛情が今までよりもっと注がれる教育環境を作りやすくなります。
　教職員にとって子どもたちとふれ合う時間が増えます（校種・校名の一本化、小中別の業務が1つになり、出張者1名にできるなど、業務の効率化を図ります）。
○学力向上の取組みをより推進しやすくなります。
　小中一貫教育の推進に効率よく取り組めます（小学校と中学校の両方の授業を行う先生が配置され、9年間を見据えた一貫教育による独自の教育計画などを行います）。

6　多久市の取組みから学ぶべきこと

　これまで述べてきた多久市における一連の小規模校対策で、私が特に

強い印象を受け、こうした取組みについて考え学ぶ際の格好のテーマ（教材）になると感じたことは、次の２点である。

　第１に、そもそも、小中一貫校の３校体制になった直後の2014（平成26）年度、基準に基づくスクールバスの利用者が市内全児童生徒の44％に達したこの統廃合が、あまりに広域で真に適切であったか否かは大いに議論の分かれるところであろう。事実、一時期はかなりの反対運動もあった、との話を現地で聞いた。

　けれども、そうした反対運動等を乗り越え、一貫教育を定着させて今や成果を上げつつあり、次いでCSとの一体的な推進、そして義務教育学校への移行と着実に取組みを前に進めてきた。これを可能にした最大の要因は、保護者や地域住民、関係団体との徹底した対話や意見聴取の積み重ねだったと思われる。

　もう１点は、多くの事例にみられるように、こうした取組みの多くの部分は直接学校に関わりがあるものとして、学校に丸投げすることはなく、市教育委員会と市長部局が連携し、徹底して学校を支援し続けたことだと思われる。

【参考文献・資料】

1　「多久市の小・中学校における学校適正規模・適正配置のあり方について　中間答申」（多久市立小中学校適正規模・適正配置検討委員会　2007年12月19日）
2　「多久市の小・中学校における学校適正規模・適正配置のあり方について　最終答申」（多久市立小中学校適正規模・適正配置検討委員会　2008年8月11日）
3　峰茂樹「平成25年度市内全域同時開校小中一貫校における教育委員会と学校の連携を生かした学校運営と教育実践〜「恕の心」と「生き残る力を兼ね備えた児童生徒の育成〜」（啓林館『理数啓林』No.6　1〜4頁　2014年7月）
4　平成27年度プロジェクト研究報告書「初等中等教育の学校体系に関する研究報告書２　小中一貫教育の成果と課題に関する調査研究」（国立教育政策研究所　2015年8月）
5　国立教育政策研究所編『小中一貫［事例編］』（東洋館出版社　2016年7月）

事例2 統廃合のデメリットを最小化しようとする取組み事例—その2—

栃木県小山市
〜統廃合を契機に、既存校舎を活用して義務教育学校の設置を実現した取組み〜

《ワンポイント・ガイド》

　東京圏から北へ約60キロ、県都・宇都宮から南に約30キロという立地の良さゆえ、市全体としては人口増加傾向だが、一方で子どもの数は減少し続けており、新しい団地造成などで大規模化を迫られる学校と逆に小規模化の進行がとまらない学校の出現、という二極化により生じた教育条件等の地域格差を解消することに苦労している市の取組み事例である。

　格差解消策として、中学校区を基礎とした小学校の統廃合、そうした取組みで大きな成果を得るため、あるいはデメリットをできるだけ小さくする方策として取り組んだのが、義務教育学校と学校運営協議会制度の導入である。そして、取組みにあたり終始、学校運営協議会制度を基礎にすべきとの基本方針を貫いた点が注目される。また、既存校舎を活用し少ない経費で一体型に近い校舎を作りあげ、興味深い一貫教育を展開している絹義務教育学校は、各地からの視察者が絶えないという。

1　小山市の概要

　小山市は栃木県南部にある都市である。市の中央を南北に流れる思川によって東西に二分され、西は沖積層の低地、東は洪積層の台地になっている。

　江戸時代初期には譜代大名・本多正純が小山城主となったが、同氏の転封後は廃城となり、城跡には徳川将軍家の日光社参の際の休憩所となる小山御殿が造営された。

　日光街道の中で佐野・栃木・結城・壬生方面への脇道が分岐する宿場町として賑わう一方で、思川の舟運による多数の河岸も栄えた。

　明治時代になると、東北本線・両毛線・水戸線が相次いで開業し、物

資の集散地として栄えるようになった。1889（明治22）年の町村制施行により、小山・間々田・生井・大谷・穂積・寒川・中・豊田・桑・絹の10町村が誕生。

1954（昭和29）年、小山町と大谷村が合併して小山市が誕生。その後、周辺の町村を次々と合併して、1965（昭和40）年に現在の小山市となった。現在、栃木県内では栃木市・下野市・真岡市及び下都賀郡野木町、茨城県結城市・筑西市・古河市に接している。

現在、国道4号線をはじめとする幹線国道とJR東北本線・東北新幹線などの鉄道各線がそれぞれ東西南北に走る陸上交通の要衝として、また東京圏から北に約60キロ、県都・宇都宮市からは南に約30キロという立地の良さを生かして工業団地や住宅地が次々と増え、2005（平成17）年12月には宇都宮市に次いで栃木県下第2位の人口をもつ都市となった。

2018（平成30）年4月1日現在の人口は、16万7,169人（推計）である。

2　小山市の学校規模等の状況と対応策 ―提言書を中心として―

小山市においても児童生徒数は全国的な傾向と同じで、全市的に減少が進んだ。

一方で、前述したように市全体として人口増化傾向が続く中で、特定の地域では宅地開発等により児童生徒数が急増するなど、学校規模の二極化が進行し、教育条件や教育環境等の様々な面で地域格差が生じた。

こうした格差は年々拡大する可能性が大きく、全市的に学校の配置や規模を適正化する必要があると考えた市教育委員会は2012（平成24）年、有識者等で構成する「小山市学校適正配置等検討懇話会」（以下、「懇話会」）を設置し、検討を始めた。

懇話会は2012年1月から翌13年12月まで12回開催され、14年1月に提言書を提出した。

なお、以下では同市初の義務教育学校となった絹中学校区に関連する

部分を中心に述べることにする。

(1) 懇話会による検討と提言書の内容

懇話会に課された役割は、少子化や教育的ニーズの多様化などの社会的な背景を踏まえて、市における小中学校の現状と課題を把握するとともに、児童生徒のより良い教育環境づくりに向けて、学校適正配置等の基本となる方針や実現方策等について検討することであった。

提言の内容を摘記すれば以下のとおりである。

① 小中学校の状況 ―2013年5月現在―

提言で認定した市立小中学校の状況は、次のとおりであった。

ア　学校数

　市内の学校数は、小学校27校、中学校11校である。

イ　児童生徒数

　市内の児童生徒数は、小学校が市全体で9,088人、1校平均337人。学校別では大谷東小の939人が最多で、下生井小の35人が最少である。

　中学校では市全体で4,494人、1校平均が409人。学校別では小山第三中の761人が最多、美田中の139人が最少である。

ウ　学級数

　学級数は、小学校が市全体で322学級、1校平均で12学級。学校別では大谷東小の26学級が最多。小山第二、羽川西、豊田南、豊田北、寒川、穂積、中、大谷南、下生井、網戸、福良、萱橋、梁、延島の各小学校の6学級が最少である。

　また、中学校が市全体で146学級、1校平均13学級。学校別では、小山第三中の23学級が最多。豊田、美田、絹の6学級が最少である。

② 絹地域における小中学校の現状

提言では、後に義務教育学校の母体となる絹地域の小中学校の状況を次のとおり確認した。

地域の小学校である福良・梁・延島の3小学校とも6学級の最少グループに属している。絹中学校も最少グループの6学級である。

③ 絹地域における児童生徒数の現状と推移及び将来予測

地域の全小・中学校において児童生徒数が少ない状況で、現在は減少傾向が緩やかになり、ほぼ横ばいとなっている。しかし、今後も緩やかな減少が予想される。

学校別に今後の状況をみると、3小学校とも徐々に減少を続ける見込みである。また、延島小は2016（平成28）年度から複式学級の発生が予想される。

中学校は2015年度まで横ばいだが、その後は減少傾向となり、2016年度には学年単学級が生じ、2018（平成30）年度には100人以下となることが予想される。

こうしてみると、絹地域の全小・中学校における児童生徒数の将来予測が極めて厳しいことは明らかである。

④ 懇話会による学校適正配置の必要論 ―絹地域に関連して―

懇話会は、前述した市内全校の現状を踏まえ、地域別及び学校別の現状と課題を指摘したが、絹地域の各校については次のように述べた。

すなわち、小学校3校については全文同じで「〜今後も児童数が緩やかに減少していくことから、複式学級が発生しないように、学級数（児童数）の確保や隣接校との統廃合などを検討することが課題となります。」（同提言書45頁）と指摘。

絹中学校については「〜今後も生徒数及び学級数が減少し、平成32年度には3学級（学年単学級）となることが予想されることから、学級

数(生徒数)を確保することが課題となります。」(同上46頁)と提言した。

⑤　学校規模等に関する市の取組み経過

　さらに、懇話会は国の学校規模等に関する法令の規定として、「学校規模に関する規定」と「学級編制に関する規定」及び「通学距離に関する規定」を確認した。

　そのうえで、「市の統廃合・学区再編等に関わるこれまでの主な取り組み一覧表（平成9～23年度）」を作成して提示。そして、それらの取組みの中から小規模特認校制度、小中一貫教育、コミュニティ・スクールの3項目については改めて少し詳しく解説している（同提言書50頁）。

　その内容は、特認校として下生井小学校と網戸小学校の2校がすでに認定されていること。また、小中一貫（連携）教育については2007（平成19）年度から試みを開始し、現在では全中学校区で様々な取組みがなされており、小中一貫校推進に係る将来に向けた方向性を検討中であること。

　さらに、コミュニティ・スクールについては、文部科学省の委託事業を3校が受託して研究を進めているとしたうえで、「これらの進捗や方向性とも確認をとりながら適正配置の具体化を進めていくことが大切である」と明記した。

⑥　懇話会による学校適正配置の基本的な考え方

　懇話会は小山市における状況にかんがみ、学校の適正配置が必要だとの基本的な立場から、それを推進する基本的な考え方について、次の3つの視点から整理した（同提言書54頁）。

　ア　適正配置の方法

　　　適正配置の具体的な方法は、通学区域の見直し及び変更を行う「学区の再編」と、学校の統廃合及び新設を行う「学校の再編」の2つである。

検討の順番としては、「学区の再編」、「学校の再編」の順となる。
まず、隣接校どうしの学区の再編について検討を行う。その結果、通学区域の見直し及び変更だけでは適正な規模が安定的に確保できないと判断された場合は、学校の再編についても検討を行う。

イ　学校や地域への配慮

適正配置の検討にあたっては、学校の歴史や文化などの学校の特性、地域の伝統などの地域性、保護者や地域住民などの意向、学校の要望など、学校や地域に十分に配慮することが大切である。

また、将来の児童生徒数見込みの推移、通学距離の負担や通学の安全確保などについても十分に考慮することが大切である。

ウ　小中一貫教育及び小中一貫校の推進

市全体の学校規模や配置のバランスに考慮しながら、小中一貫教育及び小中一貫校の推進や、地域とともにある学校のあり方等を含めた検討を行うことが大切である。

⑦　懇話会による学校適正配置等の実現方策

懇話会は⑥で述べた基本的な考え方に基づき、具体的な実現方策を提言した（同提言書55頁）。

すなわち、大規模校については新設、増築、学区再編を検討するとした。適正規模校については現状維持を基本としつつ、隣接学区の課題解決のために学区再編が検討されることもある。小規模校については、統廃合や学区再編による適正規模化が考えられる。また、統廃合にあたっては、小中一貫校推進を見据えた中学校の隣接地等を活用した新設校への統廃合及び学区再編と、既存校への統廃合及び学区再編を検討するとした。

⑧　絹中学校区における適正配置の具体的な検討内容　—統廃合と小中一貫校—

懇話会は、これまで述べてきた基本的な考え方に基づき、学校適正配置等の具体的な検討対象とした12地区別の適正規模化検討案を示した。

そのうちの1つである絹中学校区の検討案の内容は次のとおりであった（同提言書78頁）。

○絹中学校区は、福良小・梁小・延島小ともに児童数が100人以下で、特に延島小は平成28年度に複式学級になるものと見込まれることから、絹地域の中央に位置する福良小を校地に統廃合することが望ましい。
○福良小は絹中学校に隣接しており、小中一貫校を推進するうえでの形態条件が整っていることから、統合校は絹中との小中一貫教育校として推進することが望ましい。
○統廃合にあたっては、一部に通学距離が適正距離を超えるところもあることから、通学手段の確保（スクールバス）を検討する必要がある。

⑨　実現に向けた課題

懇話会は提言した方策の実現に向けた課題として、地元合意形成に向けた努力の必要性と通学環境（距離など）の格差是正の必要性をあげた。

また、小中一貫教育及びコミュニティ・スクール等との関連性をあげ、次のように指摘した。「本提言では、将来における複数の小学校の統合可能性を検討していることから、適正配置を目的とした学区再編成については、現在進めている小中一貫教育とコミュニティ・スクールとの整合性を図り、地域に無用の混乱を生じさせないことに十分留意する必要があります。」（同提言書89頁）

⑩　小山市教育委員会における懇話会提言書の扱い

市教育委員会は、2014（平成26）年2月に開催した定例会で、この提言書を報告事項として扱い、さらに3月の定例会は協議案件として委員と事務局との間で質疑がなされた。

こうした委員会の協議の中で注目すべきことは、委員会事務局の担当

課長から「学校適正配置問題は小中一貫教育・小中一貫校、地域とともにある学校づくり（コミュニティ・スクール）を一体として考えるべきである」と繰り返し明言されていることである。

この間に、委員会事務局担当課から今後の取組みスケジュール案が示され、委員から格別の異論もなく、提言に沿って推進する方向性が定まった。

3　小中一貫教育とコミュニティ・スクールへの取組み

小山市が当初から、学校適正配置問題と小中一貫教育（小中一貫校）、地域とともにある学校づくり（コミュニティ・スクール）を一体的に推進する基本方針をもっていたことは前述した。

そのため、市は前節でやや詳しく述べた学校適正配置問題への取組みと並行して、一貫教育とコミュニティ・スクールについても有識者による委員会で検討を進めており、学校適正配置に関する提言書と同時期に報告された。

これら2つの提言書の内容について、以下に紹介する。

(1)　「地域とともにある学校づくりに関する提言書」の概要

「小山市地域とともにある学校づくり検討委員会」は、委員16人で、2013（平成25）年1月の第1回から翌14年1月まで7回の会議を重ねて提言をまとめ、市教育委員会に提出した。

提言書は大きく5項目に分かれているが、栃木県下の指定校が1校もない状況に配慮してか、国の動向とコミュニティ・スクールの制度に関する解説などに多くの頁を充てている。以下では、「提言書」と「提言書〈概要版〉」に拠りながら、その要点を小山市に直接関係すると思われる記述を中心に紹介する。

①　小山市の学校教育をめぐる現状

小山市の地域的特徴について述べた後、「小山市における学校と地域

> **事例2**　統廃合のデメリットを最小化しようとする取組み事例—その2—／栃木県小山市

との関係」について、これまでの取組み事例などをあげて、およそ次のように記述している。

> 　小学校の特色ある事例としては、市内6校で行っている「田んぼの学校」がある。これは、地域の人に苗作り・代かき等の準備をしてもらい、子どもたちが泥んこになって田植えをする。中学校の特色ある取組み例としては、中学2年生が行う職場体験活動などがある。これは、地域の皆さんのご好意によって成り立つ連携事例である。
> 　さらに、自治会や育成会が中心となって学校と連携して、体育祭、伝統・伝承行事、一斉清掃など様々な行事を開催している。特に、地域のお祭りを次世代に引き継ぐため、ボランティアの方が学校に出向いてお囃子や踊りの指導を行うなど、地域に根ざした活動にも力を入れている。

②　地域とともにある学校づくりの推進理由

まず、国の施策の方向性を整理した後、「地域とともにある学校づくりの基本理念」について、およそ次のように論じている。

> 　児童生徒数の減少が、教育界のみならず今後の日本という国のあり方を考えるうえでも重要な課題となっている。この現実を直視すると、今後の義務教育自体のあり方を考える必要性が出てくるとともに、学校運営そのものを根本から見直す時期に来ていると考えることもできる。
> 　現在、小山市では「共創（きょうそう）」をスローガンに「学校づくり」「学級づくり」を進めている。この「地域とともにある学校づくり」の理念は、小山市が培ってきた人的な資源の活用を図ることにより、地域とともに学校をよりよくしていく、学校とともに地域をよりよくしていくという「共創」の精神にも当てはまる。

③　今後の進め方

まず、「地域とともにある学校づくり」を進めるうえにおいて、「小中一貫教育」との関連性が出てくると明記している。

次いで、「地域とともにある学校づくり」を効果的に行うための組織としての存在が、学校運営協議会制度であり、本市でもモデル校を指定し、実際の運用を通じて得られた成果と課題を確認し、学校・地域への啓発を図りながら拡大を図っていく必要があると指摘している。そして、市内の3小学校が文部科学省の委託事業（2013・14年度の2か年）に取り組んでいるとも述べている。

さらに、「仕組み・制度を整える意義」について、これまでの取組みをさらに高いレベルに押し上げていくため、柔軟に組織の再編を考えていくことや地域人材の発掘を図りながら、地域の人々に学校へ足を運んでもらえるような雰囲気づくりや仕組み・制度づくりに着手していく必要があると述べている。

そして、「地域が学校の応援団としての機能を果たし、行政側も学校の要望を側面から支えていくという意味では、学校運営協議会の果たす役割は大きなものがある。学校運営協議会は、学校運営における地域との結びつきや学校と地域との協働体制をより強固にする制度である。」と締めくくっている。

この提言書も、前述した「学校適正配置に関する提言書」とまったく同じスケジュールで市教育委員会定例会に報告され、格別の異論もなく了承される形になり、具体化に向けて動き始めることになった。

⑵　「小中一貫教育及び小中一貫校に関する提言書」の概要

小山市は2007（平成19）年度から小中連携プロジェクトを始め、2010（平成22）年度からは全中学校区を4期に分けて順次取り組んできた。

こうした取組みの成果と残された課題を検証し、今後の小中一貫教育の望ましいあり方、ソフト面（学習内容やその方法など）とハード面の両面から探ることを目的として設置されたのが「小山市小中一貫教育及

> **事例2** 統廃合のデメリットを最小化しようとする取組み事例―その2―／栃木県小山市

び小中一貫校推進協議会」である。

　同協議会は、市自治会連合会長、PTA関係者、宇都宮大学教員、市議会議員3人など合わせて13人の委員会で構成され、2013(平成25)年2月の第1回会議から同年12月まで7回の会議を重ね、翌14年2月に提言書を提出した。

　同提言書はコミュニティ・スクールとは違い、すでに数年間の取組みの蓄積がある一貫教育に関するものだけに、ポイントが絞り込まれ踏み込んだものになっているように思われる。その内容について要点を整理しておくことにする。

① 提言の背景

　小中一貫教育は中1ギャップなどの課題解決策の1つとして、小学校と中学校が一体となって義務教育9年間を見通し、子どもたちの発達段階に応じた系統的・継続的で一貫性のある教育の場を設定し、きめ細かな学習指導や生徒指導を行う教育として注目されている。

　子どもたちの学力向上、豊かな人間性、社会性を育み、一人ひとりの個性を伸ばすために、小学校と中学校が協働して子どもたちを育てることは、中学校区の教育の活性化のみならず、地域の活性化にもつながるものと考えられる。

② これからの小中一貫教育のねらい

　これまでの市による小中一貫教育への取組み成果を踏まえ、これからの一貫教育のねらいとして次の5項目をあげた。

　ア　連続した学びに支えられた学力の着実な向上
　　（小・中学校の連続性ある一貫した指導により、子どもの学力・学習意欲の向上や、教員の指導力の向上を目指す。）
　イ　高い道徳性を備えた豊かな人間性、社会性の育成
　ウ　心身の健康に対する意識の向上

エ　ふるさと小山を愛し、誇りに思う心情や態度の育成

（地域の特色を生かした学習や地域と連携した学習により、子どもたちのふるさと小山に対する愛着や誇りを高めることを目指す。）

オ　一人ひとりを生かすきめ細かな教育の充実

③　小中一貫教育の基本方針

基本方針として以下の5項目について提言した。

ア　施設形態の考え方 ―学びの場づくり―

　　小中一貫教育の実施に際しては、児童生徒の交流や小中教員の指導兼務などのため学校間の行き来が必要になるが、その難易度や効率性は小・中学校の施設形態で大きく影響される。

　　小中一貫教育における施設形態は、基本的に「施設一体型」「施設併設型」「施設近接型」「施設分離型」に分類される。各校の一貫教育がどのような施設形態を採用するかについては、各小・中学校の立地状況、位置づけ、運営方針などの諸条件により、効果的なものを選択することになる。

イ　指導区分及び指導計画の考え方 ―教育課程の構成―

　　指導区分については、現行の6-3制を維持しながら、9年間を前期（小1〜4年、基礎・基本期）、中期（小5〜中1年、習熟・接続期）、後期（中2〜3年、充実・発展期）の4-3-2制とし、特に小学校から中学校への円滑な連携・接続を図るため、中期に重点を置いた指導を行うことを基本とする。

　　これは、いわゆる中1ギャップを単になくすというより、児童生徒の学習環境を段階的に向上させていくという考え方である。

ウ　教職員の研修及び指導体制の考え方 ―体制構築―

エ　児童生徒・保護者及び教職員の交流の考え方 ―交流推進―

オ　地域及び家庭との連携の考え方 ―連携強化―

④ 小中一貫校推進に関する基本的考え方

市が小中一貫校を推進する基本的な考えについては、次の4点を提言した。

ア 小中一貫校のとらえ方と形態の考え方

　小中一貫校では、4つの施設形態を基本とし、「施設○○型小中一貫校」という名称で表現することになる。また、「小中一貫教育」とは、その中で行われる教育の総体と考える。

イ 既存校舎利用の「施設分離型」による推進

　小中一貫教育を市内の全中学校区で継続的に実施していくためには、まず既存の施設を利用することで可能となる「施設分離型小中一貫校」を推進することを基本とする。

ウ 小中一貫校の新規整備の検討推進

　「一体型」「併設型」「近接型」で「小中一貫校」を整備する場合は、学校の統廃合、校舎の新築や増築等が必要になる場合もあり、地元住民等の理解を得ながら、新規整備に向けた条件や基盤整備を進める。

エ 施設近接型小中一貫校の整備に向けて

　現在、学校規模の適正化に向けた学校再編（新設、増築、統廃合等）や学区再編などの検討が進められていることから、その結果によって「施設近接型の小中一貫教育」の実現が可能な中学校区については、その実現に向けた検討を進める。

　この小中一貫教育推進に関する提言書は、前述した学校の適正配置に関する提言書及びコミュニティ・スクールに関する提言書と同じスケジュールにより教育委員会定例会で報告・協議され、特段の異議もなく了承される形になった。

⑶ 「小山市小中一貫教育推進基本計画」の策定

　小山市教育委員会は2017（平成29）年1月、今後5年間の市による一貫教育の基本的な考え方を明らかにした「小山市小中一貫教育推進基本計画」を策定し公表した。

　この計画は、2014（平成26）年3月に「小山市小中一貫教育及び小中一貫校推進協議会提言書」を受けて、今後の小中一貫教育や義務教育のあり方について検討を続けてきた結果や、第7次小山市総合計画の施策大綱の1つである「一人ひとりの個性発揮　心と体を育てるひとづくり」の趣旨などを生かしながら策定されたものである。

　この計画の概要は、以下のとおりである。

①　これまでの取組み

　最初に、2007（平成19）年度に「小中連携教育」に取り組み始めてから10年間の歩みを3期に分けて整理している。そして、2017（平成29）年度からは、これまでの取組みの成果を生かして小中一貫教育を全面実施するとしている。また、「絹中学校区の4校は、義務教育学校として、義務教育9年間の子どもの『学び』や『育ち』をつなぐために、1つの教員組織で、より円滑な接続のための指導や支援にあたる。」（同計画書5頁）と明記した。

②　小中一貫教育のねらい

　小山市が進める小中一貫教育グランドデザインは第2図のとおりである。
　計画では、これまでの取組みを踏まえて「共創の教育」を推進するとともに、以下の4つをねらいとしながら、「子どもの瞳が輝き、笑顔があふれ、元気なあいさつが響く学校」づくりを通して、知・徳・体の調和のとれた児童生徒を育成すると述べている（同計画書6頁）。

　ア　連続した学びに支えられた学力・学習意欲の向上
　　学校種にかかわらず、中学校区のすべての教職員の相互理解を深

事例2 統廃合のデメリットを最小化しようとする取組み事例―その2―／**栃木県小山市**

第2図　小山市が進める小中一貫教育のグランドデザイン

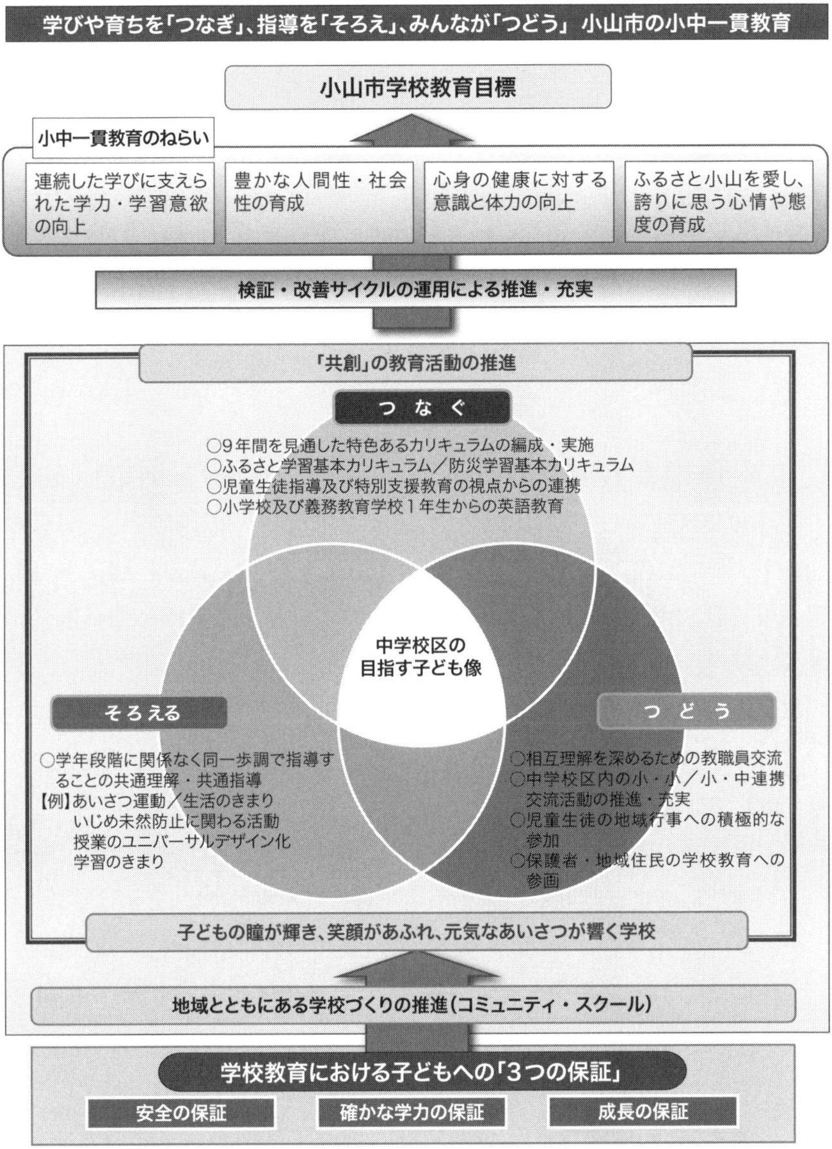

学びや育ちを「つなぎ」、指導を「そろえ」、みんなが「つどう」小山市の小中一貫教育

【小山市学校教育目標】

小中一貫教育のねらい
- 連続した学びに支えられた学力・学習意欲の向上
- 豊かな人間性・社会性の育成
- 心身の健康に対する意識と体力の向上
- ふるさと小山を愛し、誇りに思う心情や態度の育成

検証・改善サイクルの運用による推進・充実

「共創」の教育活動の推進

つなぐ
- 9年間を見通した特色あるカリキュラムの編成・実施
- ふるさと学習基本カリキュラム／防災学習基本カリキュラム
- 児童生徒指導及び特別支援教育の視点からの連携
- 小学校及び義務教育学校1年生からの英語教育

中学校区の目指す子ども像

そろえる
- 学年段階に関係なく同一歩調で指導することの共通理解・共通指導
【例】あいさつ運動／生活のきまり
　　　いじめ未然防止に関わる活動
　　　授業のユニバーサルデザイン化
　　　学習のきまり

つどう
- 相互理解を深めるための教職員交流
- 中学校区内の小・小／小・中連携交流活動の推進・充実
- 児童生徒の地域行事への積極的な参加
- 保護者・地域住民の学校教育への参画

子どもの瞳が輝き、笑顔があふれ、元気なあいさつが響く学校

地域とともにある学校づくりの推進(コミュニティ・スクール)

学校教育における子どもへの「3つの保証」
- 安全の保証
- 確かな学力の保証
- 成長の保証

(小山市教育委員会作成・提供)

め、連続性のある一貫した指導を行うことにより、子どもの学力・学習意欲の向上や、教職員の指導力の向上を目指す。
イ　豊かな人間性・社会性の育成
　　〜中略〜
ウ　心身の健康に対する意識と体力の向上
　　〜中略〜
エ　ふるさと小山を愛し、誇りに思う心情や態度の育成
　　ふるさと小山やそれぞれの地域の特色を生かした学習や地域と連携した学習により、子どもたちの郷土に対する愛着や誇りを高めることを目指す。

③　**小中一貫教育の基本方針**

　同計画では前述した「ねらい」の達成を目指し、以下の5つの基本方針の下、「つなぐ」「そろえる」「つどう」をキーワードとした「小山市型小中一貫教育」を推進するとし、その内容を詳しく記述している（同計画書8〜14頁）。
　以下に、同計画書の概要について述べる。
ア　中学校区の実情に応じた小中一貫教育の推進 ―絹中学校区の義務教育学校化を明記―
　　小山市にある11の中学校区の立地条件、児童生徒の実態や、地域の実情に応じた制度や形態で小中一貫教育を推進する。
　　2017（平成29）年度からは、これまでの各中学校区での取組みを大切にしつつ、絹中学校区を除く10中学校区については、「併設型小学校・中学校」への移行等も含めて小中一貫教育を展開するのにふさわしい学校制度や学校運営体制のあり方について検討していく。
　　また、「絹中学校区については、施設隣接型の『義務教育学校』として9年間の子どもの『学び』や『育ち』をつなぐために、1つの教職員組織で、より円滑な接続のための指導や支援にあたる」と

明記した。

　なお、小山市教育委員会は学校教育法の改正を受け、この基本計画の策定前に、福良・梁・延島の3小学校と絹中学校の4校を、17年4月1日から義務教育学校として新たなスタートをさせるべく、市立小中学校設置条例の改正を終えていた。

イ　学年段階の区切りの考え方と指導計画～学びや育ちを「つなぐ」～

　これは小中一貫教育の根幹に関わる問題であり、小山市においても本計画策定以前に様々な形で議論されてきたことは、前述したとおりである。

　当然のことながら、本計画に盛り込まれた内容はそうした議論を踏まえたものであり、次に簡単に整理しておくことにする。

○学年段階の区切りの考え方

　小学校（前期課程）の6年、中学校（後期課程）の3年間の枠組みの中で、9年間を次のような3期（4－3－2）に分けて指導計画を考える。

【基礎・基本期】小1～4年

　学習への興味・関心を持たせ、基本的な学習習慣や生活習慣の確立を図る期間である。

【習熟・接続期】小5～中1年

　小・中学校の教職員が協働して接続の充実を図り、学力の向上や中1ギャップ等の解消を図る期間である。

　この期間は、小学校（前期課程）から中学校（後期課程）への円滑な接続を図るために特に重点を置いた指導を行うことを基本とする。

　そうした具体的な取組みとして、「小中教員によるTTや乗り入れ授業の実施及び教科担任制の導入」「考えを交流しながら課題を解決する学習の工夫」「小学生の中学校での体験活動（部活動を含む）の充実」「児童・生徒の主体的な交流活動の充実」な

どに取り組むとしている。
【充実・発展期】中2～3年
　自立して生きる力を育む義務教育9年間のまとめの期間との位置づけ。
○推進計画及び指導計画の作成
　市の小中一貫教育のねらいを踏まえ、各中学校区において特色ある教育活動を行うために、それぞれの中学校区の教育活動を整理・統合し、創意工夫を凝らした「小中一貫教育推進計画」及び「小中一貫教育基本カリキュラム」を作成する。
【小中一貫推進計画】
　「目指す子ども像」を具現化するための取組みや、推進組織についてまとめた中学校区における全体計画である。
【小中一貫教育基本カリキュラム】
　中学校区で共有し具体化を図る重点を記した、教科等の指導計画である。各中学校区で設定した「目指す子ども像」の具現化に向け、これまでの成果等を生かしながら、さらに伸ばしたい資質や能力、態度について「重点化を図る教科等」として焦点化を図るなど、創意工夫を凝らして編成する。
○小山市統一基本カリキュラムの作成
　市教育施策との関連から、以下の2つの指導内容について「小山市統一基本カリキュラム」として作成し、これをベースに各中学校区が実情に応じて工夫しながら取り組む。
【ふるさと学習基本カリキュラム】
　自分の生活する地域に自信と誇りを持ち、地域に貢献する子どもを育むため、児童生徒の発達段階に応じて、体験等を取り入れた学習を通じ、計画的・系統的に学べるようカリキュラムを編成する。
【防災学習基本カリキュラム】
　小山市では「生命尊重、人権尊重の教育」を教育の基盤に据え

て教育施策を展開している。特に防災教育については、児童生徒の自己防衛力育成のため、市独自で作成した「防災教育プログラム」等に基づき、9年間を見通したカリキュラムを編成する。

○英語教育の充実

小山市は、2006（平成18）年度から構造改革特区事業として、全小学校の全学年で英語科の授業を開始。2009（平成21）年度からは、文部科学省の教育課程特例校として実施してきた。こうした取組みをさらに充実させる。

ウ　教職員の実効性ある組織体制の構築～学びや育ちを「つなぐ」、指導を「そろえる」～

小中学校の文化の違いや小中一貫教育の必要性を理解、認識するとともに、中学校区の児童生徒の課題や教育目標等を共有するため、小中学校の教職員が児童生徒の「学び」や「育ち」の連続性を担保するために必要な指導体制を構築する。

各中学校区においては、学校ごとに位置づけた小中一貫教育推進教員を中心に、小中一貫教育推進に係る組織を構成する。

教育委員会としては、市全体として行われる研修会の開催及び内容の充実を図る。また、各中学校区における研修や情報交換における助言やICT活用への支援に努める。

エ　交流活動の充実と地域との協働の促進～みんなが「つどう」～

○ねらいを明確にした児童生徒の交流活動の推進

異学年の児童生徒による交流は、社会性や他者を思いやる豊かな心を育む。また、同一中学校区内の小学校どうしの連携は、教育活動の統一が図れるなど、中学校進学に向けた不安軽減のために有効である。

そのため、中学校区の特色ある児童生徒の交流活動を計画的に実施する。

○教職員の研修や交流の充実

小・中学校の教職員が、子どもの実態や指導観、指導方法等を共有し、具体化に向けて共通理解を図るために必要な研修や交流活動を推進する。
○家庭・地域との協働の促進
児童生徒に豊かな社会性や人間性を育むためには、学校・家庭・地域社会が協働していくことが大切である。
そのため、地域連携教員等を核に、地域とともにある学校づくり（コミュニティ・スクール）を進めながら、9年間の学びや育ちをつなぐ「縦のつながり」と、家庭・地域が協働する「横のつながり」を促進する。

4　絹義務教育学校に関する取組み
―誕生に至る経過と具体的な取組みを中心に―

小山市学校適正配置等検討懇話会が2014（平成26）年1月に報告した提言書の中で、12件の適正化を検討したうえで、絹中学校区については「福良・梁・延島の3小学校を絹地域の中央に位置する福良小を校地として統合することが望ましい。福良小は絹中学校と隣接しており、統合校は絹中との小中一貫教育校として推進することが望ましい」旨の提言があり、その後の教育委員会定例会で格別な異論もなく承認されたことは前述（第2節(1)⑧）した。

こうした流れの中で、絹地区における一貫教育校に関する検討は他地区と異なり、前節で述べた小山市教育委員会が2017（平成29）年1月に「市小中一貫教育推進基本計画」を策定する以前からスタートしており、早くも16年6月には「小山市立絹義務教育学校基本計画」を策定し、公表した。

この間における小山市教育委員会と関係4校及び地域住民等が一体となった取組みは、緻密で理にかなった注目すべきものであり、多くの人々の参考になる部分が多いと思われるので、以下にやや詳細に紹介するこ

ととしたい。

　なお、ここでの記述内容の多くは、前述した市教育委員会が中心となり様々な検討を行った時期に市教委事務局の学校教育課長として深く関与し、絹義務教育学校初代校長（18年3月退任）を務められた中島利雄氏の懇切な説明と、市教委事務局から提供された多くの資料に負うところが大きいことを、予めお断りしておきたい。

(1) 開校準備段階での取組み

　中島氏によれば、開校準備段階で留意して取り組んだのは、小学校3校の統合に伴う「子どもたちの新しい環境への適応」と、従来からしばしば相違点が指摘される小学校と中学校の教職員間の「学校文化の融合」だった。

　子どもたちの新しい環境への適応に関しては、きめ細かな対応をするための教職員加配等の人的措置を市教育委員会に強く求めたという。

　一方で、学校文化の融合を目指す具体的な取組みとしては、次のような各種の委員会を組織し、関係者等の意見を徹底して聞き取るとともに、共通理解を図る努力がなされた。

① 小中一貫校（絹中学校区）推進委員会 ―市教委主催―

　市教育委員会が主導するもので、学校、地域、PTA、行政の代表などで構成され、2014（平成26）年7月に発足した。同委員会は17年2月まで、絹中学校区における学校統合・小中一貫校に関する様々な課題について、地域住民対象のアンケート調査や小学校区ごとの保護者・自治会等を対象とした説明会を実施し、その結果を踏まえて検討した。

　この間、15年3月20日に開催された第6回会議では、3小学校を統合し絹中学校との小中一貫校とすることを内容とした「小中一貫校（絹中学区）施設整備等に関する基本計画（案）」を策定した。これは、市教育委員会による16年6月の「小山市立絹義務教育学校基本計画」の

決定につながった。

　同委員会はその後も、スクールバスや給食、学童保育、閉校日程や新設校名と開校式の日程など幅広い問題について検討した。

　そして、こうした委員会での検討状況や、その基礎資料とするため実施されたアンケート調査の結果などは、市教育委員会が「絹中学区一貫校についてのお知らせ」（16年5月・第9号からは「絹中学区推進委員会からのお知らせ」と改称）と題する広報紙を作成し、保護者と絹中学区住民に配布した。

②　小中一貫教育推進委員会 ―学校側が主導―

2015年5月から開校年となった17年3月まで、学校主導により開催。4校の教職員で構成し、全体会と各部会に分かれて一貫教育を進めるための様々な課題について検討した。

③　PTA設立準備委員会

2015年7月から17年1月まで、学校とPTAで共催。4校の教頭と各校PTA会長が構成メンバーで、新設校PTAの会則や組織、会費等について検討した。

④　新設校開校準備委員会

2015年10月から17年3月まで開催。構成メンバーは4校の校長と市教育委員会の関係職員で、校舎や主な行事、制服・体育着、PTA会費・後援会費、前期課程・後期課程など、学校生活の具体的な内容について検討し決定した。

　ここでの決定事項は、絹地区小中学校長会が発行する「絹中　福良小　梁小　延島小からのお知らせ」で保護者や絹中学区住民に知らされた。

⑤ コミュニティ・スクール準備委員会

市教育委員会と学校が協働して開催。4校の教頭、PTA、地域住民、市教委担当職員で構成し、2016年5月から17年1月まで、日中か夜間に全5回開催した。

⑥ 4校の各職域・分掌部会

校長、教頭、教務主任、学習指導主任、児童指導主任・生徒指導主事で開催。

⑦ 各校の閉校記念事業推進委員会

各校の3役、PTA役員、理事・OBで開催。

(2) 開校に至るまでの具体的な検討事項

開校に向けた具体的な事項の検討は、多くが開校前年の2016（平成28）年度中に行われた。以下に、その主要な内容について述べる。

① 学校教育目標等の決定

4校の校長が4月から7月に協議。9月に最終決定し、各種の関係計画に反映させた。

② 閉校・開校に向けた検討事項

ア 各校で閉校記念事業推進委員会を組織し、2月～3月に閉校式を開催。また、閉校した4校ゆかりの資料等は、3月末に西校舎1階の余裕教室「歴史館」に展示。

イ 新しい校章については、4校の校長で制作者を人選し、10月に完成させる。

また、校歌は17年2月までに完成させ、開校式に備えて3月から練習を行う。

ウ　PTA関係については17年1月までに決定し、各校は2月〜3月に臨時総会を開催して解散する。
　エ　コミュニティ・スクールについては概要を1月までに決定し、2月に委員を依頼する。

③　小中一貫校準備室の設置

　閉校と開校及び義務教育学校とコミュニティ・スクールに一挙に取り組むことになるため、校長や教職員の負担増加が懸念された。

　市教育委員会としては当初、現場の校長対応で検討していた。しかし、業務の円滑化が困難と考えた学校教育課は2015（平成27）年10月、人事等の担当課である教育総務課に準備室設置を強く要望したが、当初予算案には盛り込まれなかった。

　しかし、16年1月、市長への復活要求で認められ、同年4月から福良小内に職員2人で準備室が設置された。これは業務の集約と学校現場の負担軽減策として極めて重要な意義を有する措置だった、と考える。

④　校舎改修の経過と校舎の配置

　市教育委員会は当初、一貫教育校の校舎整備として福良小と絹中との「渡り廊下新設」のみを考えていた。しかし、2016年7月10日（日）に校長会主催で実施した児童生徒・保護者対象の校舎見学会では、実に様々な要望が出された。

　これを受けて市教委は利用者目線で整備するとして、洋式トイレの増設、水道蛇口の増設、廊下の照明のLED化、防犯カメラの設置、校舎間の緊急放送システム整備、ランチルームの机・椅子の更新などを行った。こうした改修前後の校舎配置は第3・4図に示すとおりである。

　改修後の配置を示した第4図では、配置が変わった教室に網掛けをし、名称が変わった教室と門には下線を付した。

　実際の校舎配置は、小山市における小中一貫教育の3段階の区分に応

じて、東校舎に1～4年生、西校舎に5年生以上の教室とした。移動時間を考えて5～6年生は1階を使用する。

また、体育用具等の規格を考慮して東校舎の体育館やプールは、5～6年生も使用する。さらに、入学式と卒業式以外の儀式的行事も、低学年児童の移動の便を考えて東校舎の体育館を使用することにした。

⑤　スクールバスについて

4校の校長で栃木県内の情報収集をした結果、県下全小学校379校のうちバス導入69校、県下25市町のうちバス導入19市町と判明。これらバス導入の全校及び全市町からの聞き取り調査をした結果をもとに市教育委員会と交渉し、次のとおり決定された。

　ア　費用は無料（栃木県内は小学校すべてが無料）。
　イ　バスの利用基準は原則2キロ以上。
　ウ　バス停設置は原則的に集落ごと（ただし、地元の要望で増設や当初決めた位置からの変更もあり）。
　エ　同乗者はなし（県内の全小学校でなし）。
　オ　学校内の担当者は前期課程教務主任とする（県下の学校では教務主任や児童指導主任が多い）。

第2章 事例からみた小規模校対策の実際

第3図 小山市立福良小学校・絹中学校 校舎配置見取図

(教室配置は2016年4月現在)

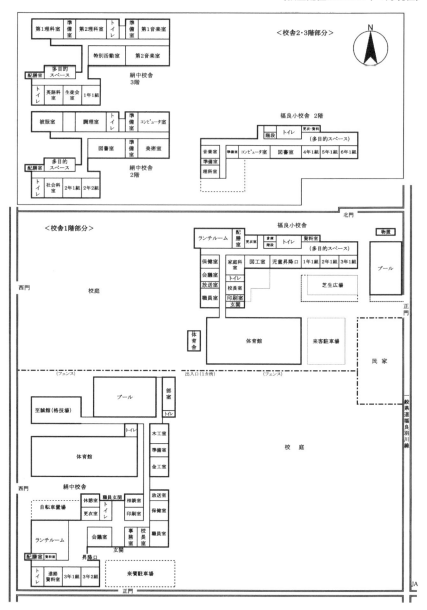

(小山市教育委員会作成・提供)

事例2 統廃合のデメリットを最小化しようとする取組み事例―その2―/栃木県小山市

第4図　小山市立絹義務教育学校　校舎配置見取図
（教室配置は2017年4月からのもの）

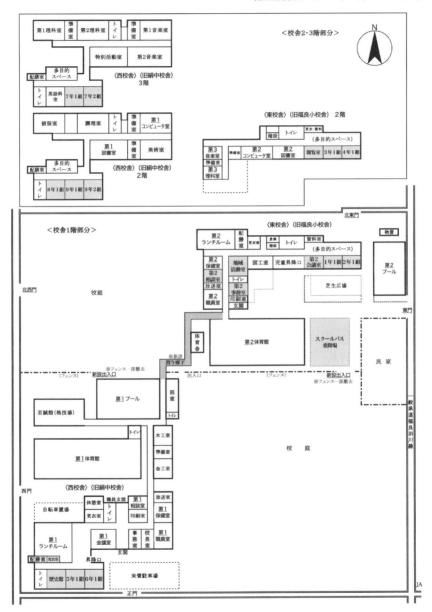

（小山市教育委員会作成・提供）

⑶ 絹義務教育学校の運営実態 ―2017年度の取組みを中心として―

これまで述べたような開校に向けた検討及び準備を経て、絹義務教育学校は実際にどのように運営されているかについて、開校初年度の2017（平成29）年度における取組みを中心として簡単に整理しておくことにする。

① 日課表について

ア　前期課程は45分、後期課程は50分授業を実施。1・3・5校時目の開始時刻を合わせることで両課程間を調整する。

　1～4年生(東校舎)は一部でチャイム、5～9年生(西校舎)はノーチャイムとする。

イ　前期課程教員による後期課程への出前授業（美術、保健体育、技術・家庭）は、担当する教員の移動と準備の必要性に配慮して、主に3・4校時に設定した。

ウ　清掃の時間は、昼休み後に全学年一斉に行うように設定。縦割りの班編制を実施。

エ　前期課程は、一斉または学年別の下校時刻に合わせてスクールバスを運行する。

オ　職員会議は、原則月1回開催。朝の職員打ち合わせは原則週1回で、それ以外は「日報」で対応する。

② 年間授業時数等について

ア　標準授業時数を確保した。5～6年生の英語は年間53時間実施。

イ　3年生から一部教科担任制を実施した（加配教員と後期課程所属教員の活用による）。

・国語、算数は学級担任による指導とし、TT教員等も参加して実施。
・社会、理科、音楽、図工、家庭、体育については一部教科担任制を導入した。

ウ　前期課程所属教員と後期課程所属教員との相互交流

　　前期・後期所属教員との相互交流は、第5図の授業時間割にみるとおり、義務教育学校の利点を十分に生かす形で積極的に実施。

・後期課程での免許外教科担任の許可申請や免許外指導非常勤講師による指導は行わず、自校教員で対応。特に、後期課程の実技教科（美術、保健体育、技術・家庭）を中心として、前期課程所属で中学校の免許を有する教員が対応した。
・前期課程の英語は学級担任が必ず指導するが、中学校英語の免許を有する教員3人とALTがT2・T3で指導に参加。
・6年生の体育は、後期課程の体育教員が担当する。

エ　時間割作成について

　　絹義務教育学校における2017年度の時間割は、第5図に示すとおりである。

　　時間割作成にあたっては、前期課程所属教員と後期課程所属教員との相互交流を実施しやすいようにするため、次のような優先順位を決めて行った。

・後期課程用の時間割作成を優先する（前期課程所属教員の出前授業を中心として）。
・前期課程の教科担任を優先する（特別教室等の利用に配慮）。
・前期課程の学級担任が自分で持つ時間枠に教科を入れる。
・行事等による変更が生じた場合には、随時、後期課程用時間割をもとに修正。

③　職員体制

職員数は41人。その内訳は県費常勤26人、県費非常勤1人、市費常勤2人、市費非常勤9人、市費臨時3人であった。

職員体制で注目すべきことは、「県費加配教員」と「市採用教員」の制度を活用し、できるだけきめ細かな指導を行うため前期課程の職員数

第2章 事例からみた小規模校対策の実際

第5図 2017（平成29）年度 絹義務教育学校 授業時間割

（絹義務教育学校作成・提供）

事例2 統廃合のデメリットを最小化しようとする取組み事例—その2—/栃木県小山市

を増やすようにしたことである。また、小学校統合を検討する過程で行った児童へのアンケート調査で、統合への不安を持つ児童が多かった結果を重視し、従来は後期課程（中学校）だけに配置されていた「心の教室相談員」に加え、前期課程への「生活相談員」と前・後期両課程を兼務する「スクールカウンセラー」（県費）の配置を求め実現したことである。

なお、校長は旧福良小学校校長、前期課程教職員のうち旧絹地区小中学校からの教職員の割合は約62％、同じく後期課程教職員に占める割合は約42％であった。

④ 絹義務教育学校における特色ある取組み —基本カリキュラムを中心として—

小山市教育委員会は2017（平成29）年1月、今後5年間の市による一貫教育の基本的な考え方を明らかにするため「小山市小中一貫教育推進基本計画」を作成した。その中で、全中学校区が共有し、重点化を図る教科等の指導計画である「小中一貫教育基本カリキュラム」を作成することとし、「ふるさと学習基本カリキュラム」「防災学習基本カリキュラム」の2つをあげ、各中学校区の実情に応じ工夫して取り組むことを求めていることは前述した。絹義務教育学校では、この2つの基本カリキュラムに積極的に取り組んでいるが、ここでは絹地区の伝統産業を活用した取組みを進めている「ふるさと学習」についてのみ述べる。

絹義務教育学校の取組みは、地区の伝統産業であり、ユネスコ無形文化遺産にもなっている「本場結城紬」を題材としたものである。

1年生から9年生まで連続し、取り組む教科やテーマ（製作工程等）を変えながら「学びをつなぐ」プログラムとなっている。以下で簡単に整理しておくことにする。

- 1・2年生 「生活科」 「蚕を育てよう」
- 3年生 「総合」 「煮繭と真綿づくり」
- 4年生 「総合」 「糸つむぎ」（重要無形文化財指定要件の3工程の1つ）

- 5年生　　「総合」　　　　「絣くくり」（同上工程）「染色」
- 6年生　　「総合」　　　　「地機織り」（同上工程）
- 7年生　　「総合」　　　　「結城紬着心地体験」
- 8年生　　「総合」「美術」「桑葉和紙づくり絵手紙」「繭クラフト」
- 9年生　　「総合」「家庭」「桑の葉茶と桑を原料にした和菓子づくり」
　　　　　　　　　　　　「情報発信」

5　小山市（絹義務教育学校）の実践から学ぶべきこと

　小山市の絹義務教育学校誕生と同時期に義務教育学校となった例は、全国各地にかなりあった。しかし、それらの多くは小中一貫教育の実践を積み重ねたうえで、学校教育法等の改正による制度化とともに義務教育学校となったものや、小中併設校から移行した学校であった。

　これに対して絹義務教育学校の開設は、少子化に伴う小規模校の統合再編と既存施設の有効活用による義務教育学校開設、さらにはコミュニティ・スクール指定を同時に実現した点が最大の特色である。

　そして、統合再編、義務教育学校、コミュニティ・スクールのどれひとつとっても、かなり困難な課題であるにもかかわらず、小山市教育委員会が同時に達成し得た理由は単純なことだったようにも思われる。

　すなわち、市教育委員会が中心となり、外部有識者等を交えた検討委員会でしっかり議論し、その議論の経過や出された結論を速やかに公表（広報）し、関係者や地域住民等の子どもたちと学校に対する想いや意見をすくいあげ、さらに議論を深めるという作業を繰り返した。そのうえで、集約した意見を反映した確たる計画を作成し、それを実行に移した結果だということである。

　小山市教育委員会がとった、追い求めるべき目標を明確にし、多少時間がかかっても必要な段階を着実に踏んで目標到達を目指す手法は、こうした課題に取り組む多くの自治体が参考にすべきものだと思われる。

　そして、いまひとつ強調しておきたいことは、懇話会において学校適

正配置問題を議論する中で、市教委の担当課長が「学校適正配置問題は小中一貫教育・小中一貫校、地域とともにある学校づくり(コミュニティ・スクール)を一体として考えるべきである」と、ぶれることなく繰り返し明言していることは極めて適切だということだ。

3つの小学校が1つになった絹義務教育学校の例をみるまでもなく、学校統廃合や小中一貫校づくりは学区の拡大を伴うケースが多く、それは当然のことながら子どもを介した保護者や地域住民の人間関係を希薄化し、学校と地域の協働関係強化を困難にする可能性が大きい。

したがって、こうした取組みと同時にコミュニティ・スクールに力を注ぐことは、統廃合のデメリットを極力少なくし、小中一貫教育の成果をできるだけ大きくするために必要不可欠だということを再確認する必要がある。

【参考文献・資料】

1 「小山市学校適正配置等に関する提言書」(小山市学校適正配置等検討懇話会　2014年1月)
2 「小山市地域とともにある学校づくりに関する提言書」(小山市地域とともにある学校づくり検討委員会　2014年3月)
3 「小山市小中一貫教育及び小中一貫校に関する提言書」(小山市小中一貫教育及び小中一貫校推進協議会　2014年3月)
4 「平成25・26年度　コミュニティ・スクール(学校運営協議会制度)の推進への取組」(小山市教育委員会　2015年3月)
5 「小中一貫校(絹中学区)施設整備等に関する基本計画」(小山市　2015年3月)
6 「小山市立絹義務教育学校基本計画」(小山市教育委員会　2016年6月)
7 「小山市小中一貫教育推進基本計画」(小山市教育委員会　2017年1月)
8 「絹中学区小中一貫校についてのお知らせ(第1号～第12号)」(小中一貫校(絹中学区)推進委員会　2015年2月～17年1月　広報紙名は変動あり。)
9 「絹中　福良小　梁小　延島小からのお知らせ(その1～3)」(絹地区小中学校区校長会　2016年9月～17年3月)

事例3 統廃合を想定しデメリットを社会教育で減少させることを目指す事例

島根県益田市
~統廃合を想定し、校区の公民館を核とした地域の教育環境整備を目指す取組み~

《ワンポイント・ガイド》

　少子化に伴う学校の小規模化は全国各地に及び、とりわけ中山間地ほど厳しい状況である。

　そして、こうした地域では子どもたちにとってはもちろん、広く地域住民にとって学校が学びの場であるとともに、日常の様々な活動の拠点となっており、かけがえのない施設になっている場合が多い。

　ここで紹介する事例は、人口減少と少子化に伴い学校の小規模化が進行し、いずれ統廃合等の措置をとらざるを得ないとして、市教育委員会による具体策の検討が進められている中で、地域住民が地域から学校がなくなることを想定して、社会教育施設である公民館を学校に代わる地域の拠点にすべく、地域ぐるみで活動に取り組んでいるものである。

　ただ、全国的には公民館の弱体化が年々深刻になっていると指摘されており、かねて公民館活動が活発だと高く評価されている島根県の市ならではの取組みで、全国どこでも可能な取組みではなさそうにも思われ、お読みになる方に一層深刻な思いを抱かせる事例かもしれない。

1　益田市の概要

　旧益田市は1952（昭和27）年に市制施行。現在の益田市は2004（平成16）年11月、旧益田市、美都町、匹見町の1市2町が合併して成立した。

　同市は島根県の西端にあり日本海に面している。同県浜田市・津和野町・吉賀町、山口県萩市・岩国市、広島県廿日市市と接している。

　同市の面積は733.19平方キロメートルで島根県の総面積の約1割を超え、県内で最も広い。総面積の大半が林野であり、特に旧美都町、旧匹見町は9割近くが山林である。

人口は4万6,650人（2017年5月1日推計）である。2005年の人口は5万2,368人であったが、2010年には5万15人、2015年には4万7,718人と減少の一途をたどっている。

2　益田市における小規模校対策の経緯

前述したとおり、益田市は市町合併により島根県最大の面積を有する市となり、市立小・中学校数も一挙に増加した。しかも、それらの学校の多くは小規模校であったため、その対処策が合併当初から教育行政の重要な課題であり続けている。

以下に、同市における小規模校対策の経緯を整理しておくことにする。

(1)　「益田市立小中学校統廃合整備計画」策定

旧益田市教育委員会は1998（平成10）年4月、「益田市立小中学校統廃合整備計画」を策定した。この計画は、2007（平成19）年3月までの10年間にわたり、学校再編を行うとする計画で、9組に及ぶ統合を推進するという内容であった。しかし、この計画は順調には進まなかった。

(2)　「小中学校統廃合整備計画」見直し

同市教育委員会は2004（平成16）年10月、同市立学校整備計画審議会からの答申に基づき、(1)の計画の一部見直しを行い、公表した。

この見直しで注目すべきことは、具体的な統廃合の基準を示したことである。すなわち、適正規模を最優先し、同市の実態に合わせて1学年1学級以上として複式学級の解消を目指して、隣接学校との統合で複式解消ができない場合にはさらに近隣の学校との統合を目指すという基本方針が明示された。

⑶ 「益田市立小中学校再編計画」

⑴で述べた「益田市立小中学校統廃合整備計画」は、2004（平成16）年の3市町合併や、学校統廃合計画の見直しを経て、2007（平成19）年度で計画期間が満了となった。この間に小学校8校の閉校を伴う統合が進められた。

一方、同市における児童生徒数の急激な減少と、それに伴う学校の急速な小規模化が進み、今後もさらに人口減少が進むという予測も示された。また、合併により市域が大きく広がった中で、児童生徒への均衡ある学習環境の提供が求められることになった。

こうした状況の中で、同市教育委員会は2007年10月26日、益田市立学校整備計画審議会に対して、市立小中学校の適正規模・適正配置についての諮問を行い、2008（平成20）年3月31日に答申を受けた。

同市教育委員会は、この答申及び第四次益田市行財政改革審議会の答申の趣旨を尊重し、同年8月に学校教育の効果を最優先するという立場に重点を置いた「益田市立小中学校再編計画」（以下、「再編計画」）を策定した。

再編計画の主要な内容を摘記すれば、以下のとおりである。

① 計画策定の背景と市の現状及び今後

市の児童生徒数は年々減少し、1989（平成元）年度の7,108人から2017（平成29）年度には3,710人程度になるものと推計され、減少傾向はさらに続くものと予想されている。

市立小学校は19校（分校1校含む）、中学校12校である。このうち、全校児童生徒数が100人未満の学校は小学校が13校、中学校が7校となっており、多くの学校で一定規模を前提とした教育活動が成立しにくい状態になっている。

学校施設については、昭和30年代から昭和50年代に建設したものが多く、校舎や体育館等の耐震化や施設の老朽化に伴う改修など、安全確

事例3　統廃合を想定しデメリットを社会教育で減少させることを目指す事例／島根県益田市

保の面からも喫緊の課題である。

② 再編への基本的な考え方

今回の学校再編は、計画期間を10年とする。

学校再編にあたっては、小規模校への対応と、望ましい学習集団の形成を図るための学級編制を基本的な考え方としている。すなわち、小学校は複式学級を解消し、1学級の児童数20〜30人程度の確保を目指す。

中学校は1学年複数クラスの確保を目指す。また、中学校では部活動が生徒の心身の成長に重要な役割を果たしており、部活動選択の余地を持たすことができる生徒数確保を目指す。

さらに、適正な教職員の確保を図るためにも一定規模の学校を目指す。すなわち、中学校においては、同一教科に複数の担当者を配置できる学校規模の確保を目指す。

③ 放課後対策

通学時間は、路線バス、スクールバス等の通学手段により、概ね30分以内の通学時間を目指す。再編に伴い校区が広くなり、児童生徒の自力での登下校が困難となることが予想されることから、放課後対策等についても配慮する必要がある。

④ 具体的な再編の枠組み

再編後の小・中学校は、次のとおりとする。
○小学校を9校とする。
　・益田小学校と真砂小学校、豊川小学校の統合校
　・高津小学校
　・吉田小学校
　・吉田南小学校
　・安田小学校と鎌手小学校の統合校

・西益田小学校
　　・桂平小学校と美濃小学校、戸田小学校、中西小学校、中西小学校
　　　内田分校の統合校
　　・東仙道小学校と都茂小学校、二川小学校の統合校
　　・匹見小学校と道川小学校の統合校
　○中学校を8校とする。
　　・益田中学校
　　・高津中学校
　　・益田東中学校と真砂中学校の統合校
　　・東陽中学校と鎌手中学校の統合校
　　・横田中学校
　　・西南中学校と小野中学校、中西中学校の統合校
　　・美都中学校
　　・匹見中学校

　⑤　**地域住民・関係者との協議**
　学校再編により、地域の中心的な施設がなくなる場合もあり、地域活動に大きく影響を与えることが予測される。したがって、地域住民や関係者へ早期に情報を提供しながら、理解を得るための協議を進める。

(4)　「益田市立小中学校再編実施計画」

　再編計画が策定された翌年の2009（平成21）年度には、この計画に基づいて市役所内部の学校再編計画推進協議会で検討を重ねた。その議論に基づき、同市教育委員会は2010（平成22）年6月、中・長期的な展望に立った学校再編を、将来の児童生徒数の動向等を踏まえて策定した「益田市立小中学校実施計画」（以下、「実施計画」）を発表した。
　実施計画の主要な内容を、以下に摘記する。

事例3 統廃合を想定しデメリットを社会教育で減少させることを目指す事例／島根県益田市

① 小中学校の現状

　市の児童生徒数は1989（平成元）年度には7,108人であったが、2008（平成20）年度には4,254人と大幅に減少するという厳しい状況にある。

　市内には小学校19校（分校1校を含む）、中学校12校が設置されている。このうち、全校児童生徒数が100人未満の学校は小学校で13校、中学校で7校となっている。また、小学校においては9校18学級が複式学級となっている。

② 小中学校の再編計画

前述した「再編計画」による基本的な考え方を尊重する。
〈小学校〉
・複式学級編制の小学校については早期解消を図る。
・1学年の児童数が20～30人程度の規模の確保を目指す。
〈中学校〉
・1学年複数学級を目標とする。

再編にあたって「配慮する事項」として8項目をあげているが、ここでは主要と思われる4項目のみを紹介する。
　ア　再編までの間の交流学習等の学校運営について配慮する。
　イ　各学校で実施されている学校経営や特色ある教育活動は、調整を図りながら、できるだけ新しい学校に引き継がれるようにする。
　ウ　校区が広くなることにより、放課後児童クラブ等の放課後対策についての需要が高まることが予想されることから、保護者の意向を踏まえて充実に努める。
　エ　美都、匹見地域については、2004（平成16）年度に合併して期間が短いため、学校規模が今回の再編計画での基本的な考え方に合致していない状況もあるが、旧町域を越えた再編計画とはしない。

③ 再編の枠組み

〈小学校〉

　複式学級の解消と学級規模の確保を目指し、19校を9校に再編する。

【再編する学校】
- 複式学級のある9校
- 今後複式学級が見込まれる、または複式学級となる可能性のある4校
- 益田市全体での小学校配置の状況により再編する2校

【現状のままとする学校】
- 全学年が複数学級ではないが、学年（学級）規模のある2校
- 全学年が複数学級の2校

〈中学校〉

　1学年複数学級化を目指して、12校を8校に再編する。

【再編する学校】
- 全学年が単式学級の5校
- 益田市全体での中学校配置の状況により再編する2校

【現状のままとする学校】
- 全学年が複数学級の3校
- 地域的に現状のままとする2校

④ 注目される公民館の評価と位置づけ

　この実施計画には「5　再編に伴う諸課題」として、「⑴　再編後の学校と地域活動」の見出しで注目すべき記述がある。

　すなわち、市内の各学校がこれまでも、地域の人材を活用した学習や、地域の自然や歴史、郷土芸能などの特性を生かした授業や課外活動を行うなど、地域に根ざした特色ある学校づくりに取り組み、成果を上げてきたと評価している。そして、次のように続けている。少し長いが、全文を紹介しておきたい。

> 　一方、地域においては、様々な生活体験、社会体験、自然体験を活発にすることが、学校と地域社会が融合して進める生涯学習にとって期待されていることから、活動の中核拠点としての公民館が重要な役割を果たしてきました。
>
> 　ほとんどの地域においては、今まで学校と公民館区域が同じでしたが、今回の再編により、多くの地域で校区と公民館の対象区域が異なることになります。
>
> 　このような中で、広くなった校区における学社融合や連携事業を幅広く展開し、公民館の持つ学校支援機能を充実させ、特色ある学校づくりに貢献できる体制の再構築が必要です。（同実施計画14〜15頁）

(5) 学校再編の進捗状況

　実施計画の計画期間は2009（平成21）年度から2017（平成29）年度までの9年間で、順次、再編を進めることとされていた。

　再編の実施は、学校再編に伴う諸問題を協議・決定するための組織として、地元に設置される学校再編対策協議会との合意を得て進めることを原則としている。

　その対策協議会との協議に時間を要することが多い影響もあってか、必ずしも順調な進捗ぶりとは言い難く、2017年4月までの廃校は小学校4校（内1校は分校）であった。

　その結果、2017年度における小・中学校の状況をみると、小学校は15校のうち全学年2学級あるのは3校、複式が3校である。また、中学校は12校のうち、全学年2学級以上あるのは4校、複式が2校、1年生が0人も2校ある。

　このように、同市においては小・中学校とも児童生徒の教育環境として、極めて厳しい状況が続いている。

3 公民館を核とした地域の教育環境を整備する主な取組み

　前節で述べたように、益田市においては多くの小・中学校が、急速な児童生徒数の減少に伴い小規模校化し、市による学校再編計画の対象となり、存続自体が危ぶまれている。

　このような状況の中で、益田市では社会教育が中心となり、将来の学校再編をも想定し、それによる児童生徒及び地域社会が受けるダメージを少なくすることを目指す取組みが進められている。

　ここでは、市内の各地域における多様な取組みの中から、再編の対象となっている豊川小学校が立地する地区を中心として、市の事業である「つろうて子育て協議会」と「地域未来塾（学び舎ますだ）」について述べる。

(1) 取組みの核となる公民館の状況

　近年、全国的に公民館の衰退が指摘されているが、島根県では公民館の職員体制が整備され、充実した活動を展開している市町村が多いことで知られている。

　益田市は合併により面積が拡大するとともに、多くの山間地をかかえることになり、新たな地域づくりが大きな課題となった。そのため、すでに数多く設置されていた公民館に「地区振興センター」を併設し、職員を増員して社会教育と地域づくりを併せて推進する拠点とした。

　そして、2013（平成25）年度からは20の公民館エリアをコミュニティの単位とした「地域自治組織制度」の確立に取り組み始めた。この自治組織とは、同県雲南市などが全国に先駆けて取り組み始め注目されているもので、地域の課題を地域住民が公民館（地区振興センター）を拠点として、対話と協働により自ら解決策を考え、具体的な活動を進めて解決するという新たな地域運営の仕組みのことである。

　こうした取組みの核となることを求められた同市における各公民館

は、例えば2013年度には真砂公民館、2015年度には豊川公民館がともに「優れた地域による学校支援活動」で文部科学大臣表彰を受け、また2014年度には真砂公民館が「過疎地域自立活性化優良事例表彰」で総務大臣表彰に輝くなど、その確かな力量は実証済みである。

(2) 公民館を核とした「つろうて子育て協議会」

① 「つろうて子育て協議会」

益田市では2002（平成14）年度から、地域ぐるみで子どもを育てる組織づくりと具体的な活動の充実に取り組んできた。

そうした取組みの流れの中で、2011（平成23）年度からは市内の全中学校区で益田市教育協働化推進事業を始めた。これは、全中学校区（一部小学校区もある）の公民館に本部を置き、「つろうて（みんな一緒に）子育て」を合言葉に、健やかで心豊かな「益田っ子」の育成を目標として、「学校」「家庭」「地域」が子育てパートナーとして手をつなぎ、地域ぐるみで小・中学校の教育活動の充実を目指すものである。

本部にはコーディネーターが配置され、本部の事務局役を担うとともに、学校の要望を受けて、学校と「学校を応援する地域住民（子育てパートナー）」をつなぐ役割を果たす。

子育てパートナーの活動分野の例は次のとおり実に様々である。

・学習支援タイプ

　校外学習の引率、ミシン指導のサポート、九九や音読の確認、学習プリント（ドリル）の丸つけなどによる授業補助、実験・実習の補助など。

・学習指導タイプ

　和楽器、書写、絵手紙などの指導。

・資料作成タイプ

　社会科や総合的な学習の時間などの資料収集や作成など。

・共学タイプ

英語、図工、性教育、人権・同和教育などに児童生徒と同じ学習者として参加など。
・その他のタイプ
学校行事、支援が必要な子どもたちへの関わり、学校美化活動、登下校の見守り活動など。

こうした子育てパートナーとしての活動に交通費や謝金は支払われないが、公民館活動に位置づけて公民館保険の対象とし、保険料の個人負担をなくしている。

② 豊川地区の取組み例

前述した市の学校再編実施計画で、益田小学校と真砂小学校に統合されることになっている豊川小学校がある豊川地区でも、厳しい行く末を見据え、地域の教育環境を整備し守り抜く、との思いを共有した地域住民による懸命な取組みが行われている。

この地区は約380世帯の典型的な中山間地域で、人口は1,000人に満たない。

豊川小学校における2017（平成29）年5月1日現在の児童数は25人で、学級数は3という厳しい状況にある。

この地区で子どもたちに関わるPTAや公民館など12の団体や機関等をメンバーとして2012（平成24）年度に設立された「豊川地区つろうて子育て推進協議会」は、極めてユニークな学校支援活動で2015（平成27）年度に文部科学大臣表彰を受けた。

高く評価される同協議会の特色は、活動の担い手として協議会の中・高校生部会「とよかわっしょい」が加わっていることである。すなわち、同協議会の「子どもたちをお客さんにはしない」「大人と子どもの垣根を低くする」との基本的な考え方のもとで、豊川小学校の卒業生でもある中・高校生が、推進協議会の子育てパートナーの一員として、豊川小

学校の放課後児童クラブで小学生の遊び相手になったり、地元の保育園での読み聞かせをしたりなど様々な活動をしている。もちろん、中・高校生の「とよかわっしょい」への加入は任意だが、市外の高校で寮生活を送る者も、地元のメンバーと連絡をとりあい、都合をつけて活動に参加することも多いという。

(3) 中山間地の中学校をターゲットにした「地域未来塾（学び舎ますだ）」

益田市教育委員会は2014（平成26）年度から再編対象校が多い中山間地の中学校をターゲットとし、学校外の学びの場づくりを目指す「地域未来塾（学び舎ますだ）の開設に取り組んでいる。その概要を次に述べる。

① 取組みの経過

市教育委員会では2014（平成26）年度から、学校外における生徒の学習支援を行うため、学校教育課が主管して、教育委員会主催による「学び舎ますだ」として自学支援教室を開催した。

ある程度の成果はあったとされたが、次のような課題も指摘された。

ア　学校間がかなり離れている中、市内中心部で開催したため周辺部の生徒が参加しにくいこと。
イ　教材を各個人が持ち寄る方式のため、共通した指導がしにくいこと。
ウ　専門的な質問にも答えなければならないため、一般的なボランティアでは対応しにくいこと。

こうした指摘を踏まえ、2015（平成27）年度からは、市内中心部での取組みは引き続き学校教育課が担当し、周辺部では社会教育課が担当してモデル地域5箇所を選定し、NPO法人ebordと協力して行うことになった。また、事業全体の統括は社会教育課が行う。

市教育委員会は協力団体であるNPO法人ebordについて、すでにICTを活用した学習支援に取り組んでいる同県吉賀町の協力団体として実績を上げていることから選定したと説明している。

なお、同法人は、「学びをあきらめない社会を実現する」というミッションのもと、無料学習サイトeboardの開発・運営、全国の学校や塾、学習支援など教育現場でのeboard活用支援を行っている。このeboardは、主に小・中学生を対象とした学習サイトで、低学力層の子どもたちを対象に2,000本以上の映像授業、4,000問以上のドリルで学ぶことができる。

② 学習支援の目的

市教育委員会は、こうした学習支援の目的として、次の3点をあげている。

ア　学習習慣の定着を図るとともに、主体的に学ぼうとする意欲態度を育てる。

イ　ebord教室をきっかけに、中学生の地域活動への参画を促すこと。

ウ　地域住民が中学生に関わる機会を増やすこと。

事業を統括する同市教育委員会社会教育課の大畑伸幸課長は、近隣の中山間地での中学校長の経験をも踏まえ、中山間地域における取組みのねらいについて、もっとストレートに、わかりやすく説明している。

> 現在12の中学校がある益田市では、統廃合の加速化が教育行政の課題となっています。しかしながら、中学校の統廃合だけを進めると、その地域から突然子どもの姿が消え、交流の場もなくなることは、これまでの益田市の先例からもうかがえます。今こそ、学校外に中学生が集い、継続的に活動できる場づくりが必要です。
>
> また、中山間地域の教育の課題として、教育環境の充実が挙げられます。学校においては、少人数できめ細やかな教育を受けることはできま

すが、多様な人との交流や学校外の学習環境の不十分さは明らかです。
　そこで、学習塾のない中山間地に、定期的に中学生が集まり、学習する環境づくりに着手することにしました。
　（大畑伸幸「公民館が起点になる『地域未来塾（学び舎ますだ）』」『社会教育』2016年8月号44～49頁　一般財団法人日本青年館）

③　運営の状況

　実際の運営は地域ごとに様々であるが、公民館（市民学習センター）等を会場に週1回～2回開催が多く、曜日や時間は地域ごとに決めるが、部活動のない日の放課後や土曜日が多い。中山間地のため参加生徒数は1箇所あたり10人程度で、支援員は1～2人が担当する。
　中山間地では都市部と違い教科指導ができるボランティア確保が困難であることなどを考え、前記のNPO法人の協力を得ることにした。これにより、生徒はインターネットを活用して自主学習できるようになった。そのため、地域のボランティアは運営や生徒との好ましい関係づくりに専念できることになった。

④　統廃合後を考えた運営主体及び実践

　統廃合後も「地域未来塾（学び舎ますだ）」が存続し、中学生の継続的な活動の場となるためには運営主体が重要になるとの判断から、各地域に公民館を核として組織されている「つろうて子育て推進協議会」が運営を担うことにした。
　例えば、この推進協議会の活動事例として前述した豊川地区では、推進協議会の活動として「地域未来塾（学び舎ますだ）」の運営をきちんと位置づけ、この部分でも中・高校生がボランティアとして様々な役割を期待される状況になっている。
　また、同地区では統廃合が予定されている豊川小学校を地域の拠点にすることを目指し、同小学校内に社会教育コーディネーターを配置し、

公民館と連携して小学校を活用し始めている。多くの地域住民が歩いていける場所にあり、すでに耐震化も終え、体育館から調理室、パソコン室まである小学校を、統廃合後も地域の拠点として活用し続けることを目指す取組みだという。

4　益田市の実践から考えるべきこと

　益田市における取組みの最大の特徴は、学校教育と社会教育が公民館を核として確かな連携協働関係を結び、人口減少下の厳しい状況にある中山間地の教育環境の整備に取り組んでいることである。

　言うまでもなく、今や学校教育の課題は学校の力のみでは解決が難しく、社会教育との連携協働が不可欠である。しかし、これは従来からいわれてきたことであるが、文字通り「言うは易く行うは難し」の典型ともいえることで、本気で取り組み成果を上げている例は全国的にみても決して多くはないと思われる。

　こうした状況の中で、益田市の実践は大変貴重な事例であり、多くの課題があることを知りつつも、大いなる可能性を感ずる。

【参考文献・資料】
1　「益田市立小中学校再編計画」（益田市教育委員会　2008年8月）
2　「益田市立小中学校再編実施計画」（益田市教育委員会　2010年6月）
3　丹間康仁「地域づくりを視野に入れた極小規模校の経営と学校統廃合」（『日本教育経営学会紀要』第58号　第一法規　2016年）
4　「しまねの社会教育だより　Vol.10　2012年3月号」（島根県立東部・西部社会教育研修センター）
5　「しまねの社会教育だより　Vol.15　2013年12月号」（島根県立東部・西部社会教育研修センター）
6　「放課後等の学習支援活動におけるICT活用事例集」（文部科学省　2016年7月）

事例4　統廃合せず存続させることを目指す事例 —その1—／兵庫県美方郡香美町

統廃合せず存続させることを目指す事例
—その1—

兵庫県美方郡香美町
〜「小規模校の良さ」を生かした積極的な学校間連携の取組み〜

《ワンポイント・ガイド》

　兵庫県は2012（平成24）年度から小学校間の交流により、多様な集団の中で切磋琢磨する体験を通して、学校生活・学習環境の充実を図ることをねらいとする「小規模校交流促進事業」を実施した。

　ここで紹介する事例は、この県事業に取り組んだ成果を生かして、町内の10小学校中9校がいずれも1学年1クラス、その中には複式学級もあるという厳しい状況下で、「当面、統廃合は行わず、存続の手立てを尽くす」との基本方針により、小規模校の9校が取り組んでいる「香美町学校間スーパー連携チャレンジプラン・学力向上ステップアップ授業」である。

　このチャレンジプランは、きめ細かな指導ができる「小規模校の良さ」を生かすため学校間連携を推進し、小規模校どうしが合同で効果的な多人数指導と少人数指導を併せて実践するという、従来にはなかった新しい発想に基づく実践である。

1　香美町の概要

　香美町は、日本海に面した自然豊かな町である。2005（平成17）年4月1日、城崎郡香住町、美方郡美方町・村岡町の3町合併により誕生。兵庫県で最も広い町である。兵庫県豊岡市、養父市、美方郡新温泉町、鳥取県八頭郡若桜町と隣接している。

　町内の香住、柴山の両漁港で水揚げされる松葉ガニ（ズワイガニ）の量が全国1位であることで知られる。また、小代区は但馬牛のふるさととして有名である。

　人口は1万7,290人（2017年5月1日現在、兵庫県推計）である。

　町内には、兵庫県立香住高等学校（普通科・海洋科学科）と兵庫県立村岡高等学校（普通科）の2つの高等学校がある。

2 香美町による小規模校対策の経過

　この数年、小規模校対策として全国的に注目されている香美町の「学校間スーパー連携チャレンジプラン」(以下、「チャレンジプラン」)について、立案から実施、そして今日に至るまでの経過をやや詳細に整理しておくことにする。

(1) 町長による教育委員会への諮問 ―2011年5月―

　香美町内には10小学校1分校、4中学校がある。このうち、小学校は香住小学校を除く9校が1学年1クラスで、その中には複式学級もあり、年々増加する傾向が続いている。

　このような状況の中で、町長は2011(平成23)年5月23日、町教育委員会に対して「少子化の進行を背景とした香美町の教育環境のあり方」について諮問した。

　諮問理由は次のように述べられていた。

> 　少子化の問題はどの学校においても避けることができないものと考えます。こうした状況を受け、次代を担う子どもたちにとって望ましい学校運営や学習集団のあるべき姿が問われてきています。
> 　また、学校施設については、建築後、相当の年月が経過した校舎等の老朽化が進んでおり、児童、生徒の安全確保の面から施設の耐震化を推進していく必要があります。
> 　このような香美町の学校教育を取り巻く環境や地理的条件及び歴史等も踏まえ、幼稚園、小、中学校の適正配置や再編を含めた統廃合、併せて学校施設の耐震化等のあり方について検討をお願いするものであります。

(2) 町教育委員会による「第一次答申書」の提出 ―2011年12月―

　町教育委員会は2011(平成23)年12月22日、第一次答申書を提出

事例4 統廃合せず存続させることを目指す事例 ―その1―／兵庫県美方郡香美町

した。

その主たる内容は、第一に「今後10年間を見通した長期的な展望に立って、子どもの教育を中心とした視点から調査、研究し検討する」として次の4つの観点を示したことである。

○学力の保障ができるか

　今後、少子化がさらに進むことが予測される中で、学校経営の効率化の観点に偏ることなく、子どもたちが自立して生きる力を培い創造性を伸ばすことができるかという観点。

○特色ある教育ができるか

　地域の人的資源、自然資源、歴史資源などあらゆる資源や施設が、教材として、教室として、そして先生として、ふるさとの特色を生かした教育活動の実践を通じた学校教育ができるかという観点。

○家庭や地域の教育力があるか

　小規模校において、限られた教職員だけでは対応できない多様な学校運営を家庭・地域が連携して支え、地域ぐるみで子どもたちを育てていく継続的な取組みができるかという観点。

○安全に安心して学べる環境であるか

　学校は、子どもたちの学習の場であり、安全な教育環境の整備を最優先に地域の防災拠点としての役割を含めた学校施設の耐震化、また、通学の安全確保、不登校、いじめの発生等についての観点。

次に、諮問事項のうち「学校施設の耐震化のあり方」については、教育委員全員の合意が得られたとして、次のように答申した。

　子どもたちの教育の場として学校施設の安全、安心な教育環境を確保するだけでなく、従来から担ってきた地域の防災拠点としての役割を今後も引き続き学校施設が担っていくという観点から、学校の統廃合の検討とは区分して、計画的かつ早急に施設の耐震化を図るべきである。

⑶ 「チャレンジプラン・学力向上ステップアップ授業」実施
　　―2013年度―

　兵庫県は2012（平成24）年度から小学校間の交流により、多様な集団の中で切磋琢磨する体験を通して、学校生活・学習環境の充実を図ることをねらいとする「小規模校交流促進事業」を実施し、香美町の小学校9校も取り組んだ。

　この県事業への取組みの成果を生かし、香美町の小学校9校は2013（平成25）年度から新たに「香美町学校間スーパー連携チャレンジプラン・学力向上ステップアップ授業」に取り組んだ。このチャレンジプランは、きめ細かな指導ができる小規模校のプラス面を生かすとともに、マイナス面を克服するため学校間連携を推進し、小規模校どうしが合同で効果的な多人数指導と少人数指導を併せて実践するという、従来にはなかった新しい発想に基づくものである。

　このチャレンジプランへの取組み内容の詳細は、改めて後述する。

⑷　町教育委員会による「第二次答申書」の提出 ―2013年10月―

　町教育委員会は2013（平成25）年10月25日に第二次答申を行った。

　同答申は、町が示している今後の教育の方向性を確認するとともに、町が力を注ぐチャレンジプランの目標や意義等について整理し明確にした、極めて重要な意義を有するものだと思われる。

　まず、町が示している今後の教育の方向性について次の3点を確認した。

① 　これまでの画一的な一斉指導、固定した人数の「学級主義」による指導から、少人数のきめ細かな指導、個人差に応じた教育を目指す。

② 　香美町は児童生徒あたりの教職員数が多いという教育条件の強みを生かし、チャレンジプランなどを通して、複数の教員による効果的な指導、質の高い授業づくりを目指す。

> 事例4　統廃合せず存続させることを目指す事例 ―その1―／**兵庫県美方郡香美町**

③　これらの具現化により、教育分権の中での、香美町らしい教育、各学校ならではの特色ある教育実践により、次代の地域づくりを担う人材育成を目指す。

次いで、チャレンジプランについては次のように述べる。

> この事業は、現在の教育条件を有効に活用しながら、小規模校同士の学校間連携により、「子どもたちの生きる力の育成」を進める施策です。従来の「学級主義」の発想を乗り越え、香美町の現状を踏まえて、現在の学校の教職員数を確保しながら、教育効果の見込まれる人数授業にチャレンジしています。
> 　固定した学級の決まった人数の児童に対して、一つの教室で画一的に教えるのではなく、内容・単元によって何人の児童を教えることが最適かを基本として、各学年、各教科の授業方法と内容、教職員数等を検討し、児童の個人差に応じたより効果的な授業を行うものです。

さらに、事業を進めるねらいは次の5点だとする。

> ①　各学校での創意工夫により、特色ある学校づくりと教育の実践。
> ②　「学級主義」の画一的な教育から、個人差に応じた個別教育の実践。
> ③　学校間連携による合同授業により、集団学習や多人数教育の機会をつくる教育実践。
> ④　少人数授業を発展させた、習熟度に応じたきめ細かい複数指導の展開。
> ⑤　これまでにない多人数授業と少人数授業の開発、授業方法と内容の刷新を図り、授業力の向上を目指す。

そして、同答申の「4　学校統廃合にかかる考え方」で次のように述べた。

> 　小規模校は、少人数指導が成立しており、学力の定着もよく、学校経営も安定しており、地域に根付いたふるさと教育も行われ、地域に支えられ、地域住民の拠り所ともなっています。
>
> 　小規模校の強みをさらに発揮しながら、小規模校の弱み・短所と一般的にいわれている人間関係の固定化・序列化、社会性の不足などのマイナス面を克服するため、学校間連携による合同授業により集団学習や多人数教育の機会をつくる教育実践、個人差に応じたきめ細かな教育を行うことにより、地域を成育基盤として、多様で変化の激しいこれからの社会を生き抜く能力（自立・志・努力）をもち、地域を担う人づくりを目指していきます。
>
> 　<u>したがって、学校統合については、児童数が少ないから、小規模だから、複式学級だから統合という安易な方向では考えず、小規模校の可能性に挑戦するチャレンジプランの取組みや各校の魅力ある多様な実践を見守り判断していきたいと考えます。</u>（下線は筆者）

(5) 町教育委員会による「答申書」の提出 —2014年11月—

　町教育委員会は2014（平成26）年11月10日、最終答申を行った。
　同答申では、「～審議する上で、保護者の意思を十分尊重し、地域の実情や住民の意見を反映するため意向調査を実施し、調査結果の分析を行いました。その上で教育環境会議を開催し、保護者や地域住民の意見把握を行ってきました。」としたうえで、「(4) 学校統廃合のあり方について（結論）」で次のように述べた。

> 　現在の学校を存続し、しっかりと子どもたちの教育を行っていくことと同時に、より積極的な情報提供による学校理解が求められていると確認しました。
>
> 　したがって、<u>少人数、小規模校であっても、将来の地域の担い手づくりを視野に入れて、たくましい人間づくりを目指し、小・中学校の再編を含</u>

事例4 統廃合せず存続させることを目指す事例 ―その1―／**兵庫県美方郡香美町**

> めた統廃合については、<u>児童生徒数の将来予測のできる今後5年間を見通して、現在の学校を存続させ</u>、学校への理解や信頼を受けながら魅力ある学校づくりを進めていくことが望ましいと判断します。（下線は筆者）

　また、答申は「⑸ 学校運営のあり方と教育の方向性について」で次のように述べた。

> 　香美町の学校は、ほとんどが小規模校ですが、少人数のよさを生かした教育、地域の実情に応じて、小規模校の特色・よさを生かした香美町ならではの魅力あるすばらしい学校園づくりを、学校関係者が一丸となり、保護者、地域住民とともに進めていける可能性を秘めていると判断しました。
> 　小規模校の強みをさらに発揮しながら、小規模校の弱み・短所と一般的にいわれている人間関係の固定化・序列化、社会性の不足などのマイナス面を克服するため、学校間連携による合同授業により集団学習や多人数教育の機会をつくる教育実践、公民館における体験交流学習、個人差に応じたきめ細かな教育を行うことにより、地域を成育基盤として、多様で変化の激しいこれからの社会を生き抜く能力（自立・志・努力）をもち、地域を担う人づくりを目指していきます。

　さらに、同答申は小規模校を無原則に存続させるべきだというのではなく、各学校は2015（平成27）年度から毎年、学校存続について保護者や地域住民の判断を仰ぐべきだとして次のように述べた。

> 　保護者や地域住民を対象に開催する「学校版教育環境会議（仮称）」において、<u>自校のビジョンや教育内容、活動などを示した上で、当該学校が魅力のある学校か、地域の特色ある教育を行っているか、また、子どもを預けて大丈夫か、信頼できるかなど、学校理解の評価を受け、学校存続についての判断を仰いでいくことが望ましい</u>といえます。

> 上記の会議において、保護者等が学校を高く評価し信頼関係が続いている場合は、学校を存続させていきます。しかし、保護者等の多数が他校との統合を望ましいとし、統合やむなしとの判断を下した場合は、保護者の総意（教育環境会議に出席した保護者や地域住民の3分の2以上。：筆者注）をまとめた上で、町長に対して当該学校の廃止について、代表者からの書面による意思表示を行うことになります。
>
> このとき、町長はこれを受理し、今後設置される「総合教育会議」に当該学校の廃止について諮り、廃止が望ましいと判断した場合には、廃止についての方針を決定することとします。（下線は筆者）

　この最終答申を受けた町長は、答申を全面的に尊重し、「学校を統廃合せず、現在の学校を維持する」との決断をした。

3　「学校版教育環境会議」の概要

　町長が全面的な尊重を決断した答申の中で、学校を存続するか、それとも統廃合するかを事実上決する役割を担うこととされている「学校版教育環境会議」（以下、「環境会議」）は、その後どのように具体化されていったのであろうか。

　環境会議の開催時期や回数、内容の詳細は各校長にゆだねられたため、決して一様ではないが、チャレンジプランの企画や実施等でリーダー役を担ったとも思われる佐津小学校の例を、同校の校園だより「佐津っ子」第2号（2015年4月23日付け）の記述等によりながら紹介する。

① 目　的

　小規模校の「強み」を最大限に生かすきめ細かな指導による、児童の「生きる力」の育成を図る学校経営及び保護者・町民が参画する評価・検証により学校存続の可否を問う本会議を開催し、地域の特性を反映させた学校機能のさらなる充実・向上を図る。

② 開催時期・内容

【第1回】 4月下旬に開催し、当会議の目的、開催時期・回数及び学校経営方針を踏まえた特色ある学校づくりに向けた具体的方策、年間の評価計画等について説明する。また、出席者の質問・意見等を修正や改善に反映させる機会とする。

【第2回】 10月上旬に開催し、上半期の取組みの報告をするとともに、それらに対する中間評価（出席者へのアンケート）を実施。出席者の意見等を修正や改善に反映させる機会とする。

明らかになった成果・課題については「校園だより」やホームページ等を通して公表するとともに、改善策を反映させた下半期の取組みについて発信する。

【第3回】 3月上旬に開催し、下半期の取組みについて報告するとともに、年度末評価（出席者へのアンケート）を実施。

明らかになった成果・課題については「校園だより」やホームページを通して公表するとともに、次年度改善の方向性について発信する。

③ 出席対象者
・佐津小学校在籍児童（佐津幼稚園在籍園児を含む）の保護者
・香美町民
・佐津小学校全職

④ その他
開催時間は平日（授業日）の午後とし、開催場所は佐津小学校とする。

こうしてみると、出席対象者を「佐津小学校区の住民」などと限定せず、広く「香美町民」としていることが目立つだけで、格別な特色がある会議体ではない。けれども、こうした会議を積み重ねていけば、いずれコミュニティ・スクールにしようとする際には、極めてスムーズに進

められるのではないかと思われ、興味深い実践である。

4 「チャレンジプラン」の具体的な取組みの経過と内容

　町長が決断した「統廃合せず、全校を存続させる」との方針に沿った具体的な施策として、同町が2013（平成25）年度から取り組み始めたチャレンジプランは、一層重要な意味を持つことになった。

　以下で、改めて取組みの経過や主要な内容について整理しておくことにしたい。

(1) チャレンジプラン策定及び実施に至る経過

① プランの策定経過

　2002（平成14）年度における町内の全小学校の児童数1,449人が、10年後の2012（平成24）年5月1日現在では1,000人まで減少した。そして、2012年度の乳幼児数をもとに予測された5年後の2017（平成29）年度における児童数は810人とされ、町内の危機感は一層高まった。

　そうした中で、町教育委員会は2012年6月、保護者や地域住民を対象として「香美町教育環境アンケート調査」を実施した。

　その結果によれば、保護者や地域住民の学校に対する期待や信頼感は高いことが明らかになった。一方で、特に小規模校区の保護者や地域住民の間には、小規模校のデメリットとされる多人数による教育活動ができないことや、入学から卒業までまったく同じ人間関係が続くことによる社会性を育てることの困難さ、あるいは切磋琢磨しあうことがないため積極性や競争心が育ちにくいのではないか、などという様々な不安を持つ人々も多いことが示された。

　こうした保護者や地域住民等の意向を受けて、町教育委員会や町教育研修所、小学校長会、教職員の代表をまじえた推進準備会が、「小規模校のよさを生かしつつ、多人数による授業などに取り組むにはどうすればよいか」について協議を重ねた末に考え出されたのが、チャレンジプ

ランである。

② プランを推進するための条件整備

プランを推進するためには、その中核的な取組みともいえる合同授業に関連することだけをみても、例えば教員が他校の児童を指導できるのか、移動する学校の教員には校外学習実施に伴う諸手続きが必要ではないか、そうした手続き等により多忙な教員のさらなる負担増になるのではないか、というように様々な疑問や不安が生じた。

これに対し、町教育委員会は校長会や推進準備会と協議しながら、教職員の服務や学校管理規則などについての確認や見直し、届け出などの事務手続きの簡略化を行うなどすることで、教職員の疑問や不安解消に努めた。

また、児童の移動についてはスクールバスのみならず、町長部局所管の車両をも使用できるようにすることで、合同学習等を実施するのに支障がないようにした。

さらに、取組み開始前年の2012（平成24）年12月には、町教職員研修として町内の幼小中全教職員を対象として説明を行い、趣旨等についての徹底を図った。

(2) チャレンジプランの主な内容

町教育委員会によれば、チャレンジプランは小規模校の長所を最大限生かしながら、しばしば指摘される課題を解決するため、複数の小規模校が連携し合同することで効果的な多人数指導と少人数指導を行うという、従来はなかった新たな発想による取組みだという。

取組みの主な内容を以下に述べる。

① 学校のグループ編成

繰り返し前述したとおり、香美町内における10小学校のうち、香住

小学校を除く9校はいずれも小規模校であり、複式学級数も年々増加している。その9校を2つのグループに編成し、合同活動等の基盤とした。
　□　Aグループ　　奥佐津小　佐津小　柴山小　長井小　余部小
　□　Bグループ　　村岡小　　兎塚小　射添小　小代小

※各グループの同学年どうしによる多人数授業を実施。
※通常時は近隣の小学校の連携による合同授業（例えば、隣接する奥佐津小と佐津小の2年生で行う場合、どちらかの学校がスクールバスで移動し、2人の教師による授業を行う。）を実施。
　年数回は各グループの全校参加による合同授業や特別活動、5年生の自然学校（4泊5日）、6年生の修学旅行（1泊2日）等を実施。

②　合同授業の実施

　プランでは、指摘されている小規模校の課題克服を目指して、全校が合同学習などにより一致して取り組むため「めざす子ども像」を次のとおり決めた。
　・わからないことを最後まであきらめず勉強する子
　・多くの仲間の意見を聞いて課題を解決する子
　・大勢の前でも自分の思いや考えを話せる子
　そして、これを教職員間で共通理解を図るとともに、これに沿う授業づくりに努めている。

③　合同授業の形態

　合同授業による学力向上を目指す「ステップアップ授業」では、教科や学習内容によって最適だと思われる人数による次の2種類の授業形態で指導している。
　○「わくわく授業」　―どんな仲間と一緒に勉強するのか、わくわく―
　　第6図に示すとおり、合同による多人数の授業で、複数の教員が協力して行う形態である。教科や学習内容に合わせ、学習効果が見込ま

事例4　統廃合せず存続させることを目指す事例 ―その1―／兵庫県美方郡香美町

れる最適な人数の授業を複数の教員でつくりあげる。

実際の取組み例としては、多くの児童による様々な意見を引き出す討論形式の授業、体育のリレーやサッカー、音楽の合奏や合唱などがある。

○「わかった授業」　―わからなかったこと、知りたいことをわかるまで―

第7図にみるとおり、児童の学習到達度や興味・関心等に合わせ少人数のグループ分けをし、複数の教員が役割分担をして、1人の教師

第6図　わくわく授業（図解）

第7図　わかった授業（図解）

（香美町教育委員会作成・提供）

では不可能なきめ細かで効果的な授業を行う。
　例えば、算数の割り算やかけ算、分数などの指導を少人数で行っている。

これらの形態はどちらも、小規模校が連携して1箇所に集まることにより、小規模校単独ではできない多人数の授業が可能になるのみならず、1箇所に集まった複数の教師の協働で、「より質の高い授業が可能になる」という考えに基づくものである。

さらに、異なる学年の合同授業を同時に実施することで、一方の学年が1人の教師により「わくわく授業」を実施している間、もう一方の学年では3人以上の教員が関わり、「わかった授業」でのきめ細かな指導を行うなどの工夫も生まれてきている。

④　合同授業の時間数など

合同授業は1回3時間程度とし、年間10回、合わせて30時間実施を原則とする。実施する教科等については、効果が期待される単元を中心に、全教科を対象とする。

主な実施時間帯は9時から12時までとし、教科は3教科程度としている。

⑤　町教委が合同授業で重視しているポイント　―教育課程上の位置づけと公開―

町教育委員会が、合同授業の計画と実施にあたり各校に強く求めていることは2点である。1点目は、合同学習をできるだけオープンスクール化し、保護者のみならず地域住民に広く公開し、学校がどのような思いで、どんな子どもに育てようとしているかを直接見ていただくことである。

いま1つは、チャレンジプランの全体を教育課程にきちんと位置づけ

た授業の一環とし、子どもたちの単なる交流活動の場にはしないことである。すなわち、合同学習は特設的・イベント的なものではなく、「各校の子どもたちが集まって、何かをやって終わり」にしてはならず、事前学習・事後学習としっかり結びつけて企画・実施することである。

(3) チャレンジプランで注目すべき事項と残された課題

チャレンジプランを中核とした香美町の実践で第1に注目すべきことは、児童にとって小規模校のデメリットと指摘されることを、数校間の連携により最小化することが期待される1つのアイデアではないかと思われることである。

次に注目すべきは、教職員配置に関する現行法によれば、小規模校の統廃合により教職員数は減少する可能性が大きいことを明確に認識した取組みだと思われることだ。すなわち、統廃合により教職員数を減らすのではなく、比較的多く確保できている教職員を最大限活用し、児童に対するきめ細かな教育活動を可能にし、成果を上げている興味深い事例である。

もちろん、残された課題も多くあると考える。前述した町長からの諮問について町教育委員会が行った「第二次答申」は、このチャレンジプランの重要性を指摘し、統廃合の可否を決定する前にチャレンジプランの成果や可能性をしっかり検証する必要があるとして、その検討のポイントも明確に指摘していた。

町教育委員会が2016（平成28）年度までの3年間実施した後の課題として指摘したことの概要は次のとおりで、「第二次答申」の指摘と重なる部分も多いと思われる。

① 合同授業のための教材研究や教職員間の打ち合わせ、事前準備にかかる時間と労力が大きく、検討時間の確保が困難である。
② 各校とも学校行事や校外学習の計画があり、複数校間での日程調整が困難である。

③ 年間総時間数約1,000時間のうちの30時間をチャレンジプランとして実施しているが、残りの970時間とどのようにつなげていくか、通常の授業への波及効果、全体としての評価ならびに効果検証を行う必要がある。

④ 特別な支援や配慮等が必要な児童の理解と情報の共有化を図る必要がある。

⑤ 教職員の異動は不可避であり、転入者にもチャレンジプランが早期にきちんと理解され、合同学習に支障が起こらないようにする取組みが必要である。

これらの課題はいずれも解決が難しいものばかりである。しかし、香美町の実践は、地域社会の核である小学校の安易な統廃合は行わず、子どもたちの教育環境を第一に考えつつも、存続のために可能なかぎりの手立てを尽くすことを基本方針とし、新たな発想による小規模校対策の実験である。

多くの課題を克服し、さらに大きな成果を生み出すことが期待される。

【参考文献・資料】
1 「香美町教育振興基本計画」（香美町教育委員会　2012年3月）
2 「少子化を背景とした香美町教育環境のあり方について　第一次答申書」（香美町教育委員会　2011年12月22日）
3 「香美町教育環境意向調査報告書」（香美町教育委員会　2013年1月）
4 「少子化を背景とした香美町教育環境のあり方について　第二次答申書」（香美町教育委員会　2013年10月25日）
5 「第2回香美町教育環境意向調査報告書」（香美町教育委員会　2014年10月）
6 「少子化を背景とした香美町教育環境のあり方について　答申書」（香美町教育委員会　2014年11月10日）
7 「広報　ふるさと香美」2013年6月号（香美町　2013年6月）
8 「広報　ふるさと香美」2013年7月号（香美町　2013年7月）

9 「広報　ふるさと香美」2013年10月号（香美町　2013年10月）
10 「広報　ふるさと香美」2013年11月号（香美町　2013年11月）
11 「香美町学校間スーパー連携チャレンジプラン　学力向上ステップアップ授業」
（香美町ホームページ　最終確認2017年10月15日）

事例 5 統廃合せず存続させることを目指す事例
—その2—

長野県南佐久郡北相木村
〜民間学習塾と提携した山村留学制度により唯一の小学校存続を目指す取組み〜

《ワンポイント・ガイド》

　この事例は、総面積の90％余りが山林で人口減少と少子化が続き、中学校はすでに組合立中学校に統合され、村内の中学生は隣町の中学校に通学しているという厳しい状況下にある小さな村が、「山村留学」制度の導入で、村外から入学者を募集することにより、村に唯一残った小学校を存続させようとしている取組みである。

　これまで、何度か存亡の危機もあったが、留学した子どもたちが楽しく充実した山村生活を送れるよう、村民あげて取り組んでいることや、留学生を送り出す保護者に対する村の思い切った支援策、そして何よりも首都圏を中心に人気が高い「花まる学習塾」との提携により、学習指導面等で保護者の期待と信頼をかちえていることにより、ここ数年は安定した入学者数を確保できている興味深い実践例である。

1　北相木村の概要

　北相木村は長野県の東端に位置する南佐久郡内にあり、同郡の小海町・佐久穂町・南相木村、及び日航ジャンボ機墜落事故があった群馬県上野村と隣接している。

　総面積の91％が山林であり、かつては林業の町として栄えたが、1965（昭和40）年後半に起きたオイルショック以来、低迷する木材産業の影響を受け、林業従事者数は減少の一途をたどっている。

　人口は年々減少し、2000（平成12）年には1,000人の大台を割り、2013（平成25）年の国勢調査では全国で21番目（離島を除くと11番目）に人口の少ない自治体となった。2017（平成29）年5月1日現在の推計人口は781人である。

　1981（昭和56）年度に中学校が組合立小海中学校に統合され、村の

事例5 統廃合せず存続させることを目指す事例 ―その2―／長野県南佐久郡北相木村

中学生は隣接する小海町にある中学校に通学している。

2 山村留学制度導入の経緯

(1) 民間団体「育てる会」と連携した山村留学への取組み

　北相木村による山村留学への取組みは、1984（昭和59）年に短期山村留学事業として始まった。

　次いで、1986（昭和61）年には約1億5千万円を投じて「北相木村山村留学センター」を完成させ、施設面での体制を整備した。

　そして、翌1987（昭和62）年から民間団体「育てる会」と連携し、児童数を確保することで小学校を存続することを目的として、本格的な山村留学制度への取組みを始めた。この時の全校児童数は66人、そのうち山村留学生は6人であった。

　この「育てる会」（現・公益財団法人、本部は東京都）は1968（昭和43）年、教員や父母、教育関係者により任意団体として発足した。当時、日本は高度経済成長の波にのり、物質的には目をみはるほどの発展を遂げている時期だったが、他方では子どもを取り巻く環境が悪化し、受験競争に代表される様々な教育問題が表面化し始めた時期でもあり、同会の活動は徐々に拡大していった。

　同会は1975（昭和50）年、長野県大町市（旧八坂村）に青少年自然体験活動センター「やまなみ山荘」を建設し、活動ベースとなる青少年教育施設として運営を始めた。さらに、1976年には日本初の1年間を単位とした長期山村留学事業である「育てる村八坂学園」を開設し、9人の留学生が旧八坂村で1年間の留学生活を始めるなど、長野県を拠点として活発な活動を展開しており、北相木村は補助金方式で連携し、同会が持つノウハウ等を活用しようとしたのである。

　これ以後2009（平成21）年度までは、毎年5～8人前後の山村留学生を受け入れ、全国的に注目された村によるIターン政策も功を奏したのか、2001（平成13）年度には全校児童数が82人まで増加し、この

年の留学生は9人であった。

　この結果、小学校の活性化や複式学級を解消するとともに、村民に「地域で子どもの声が聞けるようになった」との喜びを感じさせることになったという。

(2)　児童数の減少と「育てる会」の撤退

　全校児童数は2001（平成13）年度をピークに、その後は減少に転じた。さらに、2009（平成21）年度には、「育てる会」が山村留学生確保の困難化を理由として村から撤退したため、2010年度はセンターを使用せず、受け入れ農家のみで児童を預かる村独自の山村留学事業を行ったが、この年の留学生は3人に過ぎなかった。

　こうした事情もあり、2010年度の全校児童数は27人まで急激に減少した。しかも、児童数僅か3人という学年が3学年で生じたため、保護者をはじめとする村民に強い危機感が広がった。

(3)　村議会が「小学校統合の請願」を採択

　このような厳しい状況を受けて、村出身の保護者を中心に組織されている「小学校問題を考える会」から、隣接町にある小学校との統合に関する請願書が提出された。一方で、Iターンした保護者を中心とするメンバーからは統合反対の請願も行われ、文字通り村を二分する形で争われた。その結果、村議会は、統合に関する請願を採択するという苦渋の決断をした。

(4)　学校存続を目指し村直営による山村留学の再スタート
　　　―花まる学習会との連携―

　村長及び教育委員会は、村内にすでに中学校がない状況下で、今また小学校をもなくすことはできないとして議会の決定を受け入れず、あくまで小学校の存続を目指し、他の山村留学実施町村の視察などを行いな

がら検討を重ねた。

　そうした活動を続ける中で、長野県木曽郡王滝村で山村留学事業を行っていた「企業組合子どもの森」を視察したことを契機に、厳しい局面が打開された。

　すなわち、同組合と連携し、子どもの森で優れた活動を展開していたスタッフをセンターの主任指導員に迎え、併せて総務省が2009（平成21）年から始めた、都市地域から過疎地域等に移住し、一定期間、地域に居住して地域おこしの支援や住民生活支援などの「地域協力活動」を行いながら、その地域への定住・定着を図る「地域おこし協力隊」制度を活用し、新たなスタッフ確保などによりセンターの管理運営や指導体制を強化し、村直営という形で山村留学制度を再スタートさせたのである。

　また、この年から埼玉県に本部を置き、首都圏を中心に約2万人の塾生を持つという人気の民間学習塾「花まる学習会」との連携を模索し、具体的な取組みを始めた。

　そして、「応募者ゼロもありでは？」という厳しい予想で始めた2011（平成23）年度の留学生募集だったというが、結果としては10人の児童を迎え入れることになり、上々の再スタートを切ることができたのである。次いで、2012年度には、スタッフをさらに増員し中学生の受け入れも始めたため、実に17人の児童生徒を迎え入れるという結果になった。さらに2013年度にも15人の留学生を受け入れ、取組み持続への確かな手応えを感じさせる状況になった。

⑸　「親子留学」事業の開始

　同村は2014（平成26）年度、従来の留学生募集活動を見直し、連携している「花まる学習会」の東京教室に出かけ、塾生の保護者等に山村留学と北相木小学校での活動内容やその魅力について説明するという積極的な募集活動に踏み出した。その成果があったのか、同年には親子で

1泊2日の体験会へ実に45組の参加があった。

　参加者は親子で山村留学センターに1泊し、翌日は小学校に1日入学する。村の関係者は、この間における児童と保護者の様子などを参考にして応募者の合否を決定するという。ちなみに、2015年度は定員12人の新規募集に、約2倍の23人が応募した。そして、最終的にこの年度の全校児童数は53人、うち山村留学生は継続生を含め23人となった。

　しかし、村にとって残された最大の悩みは、翌2016年度に予定される村内から小学校への新入学児童が僅か1人ということであった。対応策として山村留学生を募集しようとしても、小学校1・2年生ではセンターでの生活が極めて困難だと思われた。

　そのため、村では2015年度、試行的に「親子留学」を始めた。これは、親子が1年単位で村の公営住宅に住み、子どもは小学校に通学するという事業である。村では親子留学の魅力を、学校に通うだけではなく、山村留学センターの活動や、地域の行事等に参加でき、しかも親子一緒でそうした活動を楽しめることだとPRしている。初年度は、母と子ども2人の1組が村に移り住んだ。

　村では、この親子留学を将来に向けて重要視しており、留学者に次のような手厚い支援も行っている。

□公営住宅の貸与（新築もあり）
　　家賃　月23,500～38,000円程度（敷金は3か月分）
□家電や家具の貸与（年間1万円）
　　冷蔵庫、洗濯機、テレビ、電子レンジ、電気こたつ、食器棚等
□家庭菜園の提供と野菜作りの指導
　　住宅近くの菜園でキュウリ・トマト・じゃがいも・ほうれん草などを育てることを楽しみ、新鮮な野菜を食べる喜びを味わえるよう支援する等
□村民と同じような各種の助成
　　医療費の補助、バス運賃（こども無料、大人100円）、温泉施設

利用費の無料等
□別居生活している親が村を訪れる際の旅費を助成
　　1回　15,000円×12回（月）＝180,000円（東京からの往復旅費を基本に想定）

3　山村留学の内容

これまで述べてきたような経緯で、今や北相木村の山村留学は定着し、全国的にも注目されるに至った。

この山村留学の具体的な内容について、現地での聞き取りや、2017（平成29）年度及び2018（平成30）年度のリーフレット「北相木村山村留学生　募集のお知らせ」などの記述をもとに、改めて整理しておくことにする。

(1)　生活について

北相木村の山村留学は、留学センターだけで暮らす「センター式」と、留学センターと受け入れ農家を併用する「センター農家併用式」のどちらも選択でき、参加者の希望に幅広く応えられるようになっている。農家泊数は毎月10日前後である。ただし、受け入れ農家数の関係で、希望者全員が通年で利用できるとは限らない。

センターでは異年齢の集団生活を通じて、協調性や思いやり、忍耐力を培うことを基本的な目標としている。

センターでは専任の指導スタッフが常駐して指導にあたる。また地域住民等の協力を得て、野外活動（川遊び・森遊び・山菜採り・キャンプワーク・トレッキング・スキーやそり遊び等）や、農業（田植え・稲刈り・脱穀、きのこ植菌、味噌作り等）など様々な体験学習も行う。また、和太鼓・エイサー、座禅体験、天体観測所や博物館見学なども実施している。

受け入れ農家ではアットホームな雰囲気の中、その家の一員として暮

らすことを基本としている。

学校は村立北相木小学校に、地元の子どもたちと一緒に通って学習する。同小学校は、民間学習塾「花まる学習会」との連携による特色ある教育を行っているが、その詳細については改めて後述する。

なお、山村留学センターではテレビを見せないし、ゲーム機・電話、オーディオ機器などの持ち込みを許さない。テレビやゲーム等に依存しなくても、センターで楽しく、充実した毎日が過ごせることを目指している。

(2) 山村留学に要する費用

留学に必要な費用は次のとおりである。

- □月　　謝：65,000円×12か月（内訳：食費、宿泊費、生活指導費、および基本的な活動費等。兄弟姉妹で留学している場合は、1人50,000円に減額される。）
- □入　村　金：100,000円（年度当初のみで、継続の場合は50,000円。保険料や施設準備費用などに充てる。）
- □学校経費・給食費：6,210円×10か月（村からの補助があるため、半額が後日還付される。）・学級費：1,500円×10か月・PTA会費：年2,500円
- □個別経費：個人的な買い物（文房具や日用品）・医療費・帰省帰村時の交通費・特別な教材費や活動費（舞台公演や美術館の見学）等は、個人にかかる費用としてその都度負担することになる。

4　「花まる学習会」との連携を核にした特色ある学校教育
―北相木小学校―

村にある唯一の学校である村立北相木小学校は、少人数（2017年4月1日現在、児童数60人、6学級）だが複式学級制はとっていない。同校では、恵まれた自然を十分に生かし、子どもたちがのびのびと学び、

豊かな人間性を培うことができるような、ゆとりと充実の教育を目指している。また、小規模校の強みを生かし、基礎的な学習内容の習得を基盤として、自然とのふれあい、郷土学習など北相木ならではの特色を存分に取り入れながら、一人ひとりの自主性・創造性を育むことに力を入れている。

一方では、パソコンを使用した授業や国際交流員による英語活動に取り組むなど、情報化・国際化に即した教育も重視している。

しかし、前述したように、北相木村における教育の最大の特色は民間学習塾「花まる学習会」との連携による教育であり、そのことが全国的に注目されている同村の「山村留学」成功の大きな要因であることは疑いがないように思われる。

以下に、「花まる学習会」との連携による特色ある学校教育の内容について述べる。

(1) 「花まる学習会」

「花まる学習会」は、数理的思考力、読書と作文を中心とした国語力、野外体験を三本柱として指導し、将来「メシが食える大人」そして「魅力的な人」を育てることを目指す学習塾である。

このことについて、同会の高濱正伸代表は、次のように説明している。

> '93年に、機械的な計算力指導をもって幼児の学習指導とうたう既存の塾へのアンチテーゼとして、思考力・国語力が中心で、学ぶ意欲を伸ばす低学年向け教室を開きました。これが現在の花まる学習会です。〜中略〜 3年生までは、幼児の本質を見すえて、一斉で群れになるからこそやる気を引き出せる、暗唱・ゲーム性などを積極的に取り入れ「学ぶ楽しさ」を育むことに、また4年生以降は、じっくり考える本格的な思考問題を中心に、語彙などの知識ノート、できなかった問題をそのままにしないことを目的とした宿題ノートの作り方など、「学習の仕方」を

> 身につけることに、それぞれ重点を置いて指導します。
> 　思考力・作文・文章題といった手のかかる分野こそを扱いながら、学ぶ楽しさ、考える面白さ、大自然の不思議を伝え、子どもたちがそれらの喜びをバネに学習の良き習慣と正しい学習の仕方を身につけていくこと。それが花まる学習会の目指すことです。
> （同会ホームページ　最終閲覧2017年10月20日）

⑵　「花まる学習会」と連携した主要な取組み内容

　小学校における花まる学習会との連携による主要な取組みは、以下のとおりである。

①　同学習会スタッフによる直接指導

　毎月1回、同学習会の高濱代表やスタッフが小学校を訪れ、特色ある「花まる授業」で指導する。

②　大きな魅力になっているモジュール学習

　同校教員によるモジュール学習は保護者等の評価も高く、留学生を集めている一因との指摘もある。その特徴と日課の工夫等の内容は、次のとおりである。

〈特　徴〉

ア　音読・計算・フラッシュなど約3分のパートを組み合わせて構成している。

イ　使用されている教材はすべて同校教員の自作である。またデータベース化して他学年でも使用可能にしており、教員どうしの情報交換により随時改良を重ねている。

ウ　合い言葉は「スピード・テンポ・タイミング」である。例えば、テンポよく短文を朗読し、次いで時間を計りながらドリルに取り組むという具合に、めりはりのある学習を行うことで、児童は自ずと

「集中・発散」を体感。その心地よさが、旺盛な学習意欲につながるという。

〈日課の工夫〉

　従来から実施していた朝の10分読書と業間の15分ドリルを見直し、2015（平成27）年度から月・水・金曜日の朝と、火・木曜日の業間をモジュール学習として実施している。

　朝の10分モジュールは、音読と計算を主とする学習で集中力を高める。業間の15分モジュールは、図形問題やクイズ的な学習も行い、思考力や推理・論理力を育てることを目指している。

③　教員の研修

　小学校教員は年1回、同学習会のお茶の水教室へ行き、研修を受けている。

　また、前述した毎月1回行われる同学習会スタッフによる訪問指導の際には、教員の授業研修も行われる。

④　同学習会代表による講演会

　毎年1回、保護者や地域住民を対象とした同学習会の高濱代表による講演会が行われる。これは、子どもの教育のため親の役割が大切だとの考え方から実施しているものである。

⑤　「花まる学習会」と山村留学の強い結びつき

　毎年8月に同学習会のサマーキャンプを北相木村で実施している。これには例年、同学習会で学ぶ都市部の子どもたち約50人が参加し、3泊4日の日程のうち1日は地元の児童との交流をする。

　この体験を契機として山村留学を希望する児童が多く、この数年は同学習会関連の申し込み者の増加が目立っているという。

⑥ 「花まる学習会」との連携による取組みの成果

　連携による何よりも大きな成果は、民間学習塾の指導理念とそれを実現する手法等に接することで、教職員の意識改革と指導力の向上をもたらしたことである。その結果、特色があり魅力あふれる学校教育が可能になった。

　また、それは当然のことながら全国学力テストに示された児童の学力向上や、山村留学生の安定的な確保や増加につながったものと思われる。

5　北相木村の実践から学ぶべきこと

　高い人気を誇る民間学習塾「花まる学習会」と連携した山村留学を核にした取組みで、村唯一の学校である小学校の存続を目指す北相木村の実践は、小規模校対策として可能性を感じさせる興味深いものである。

　ただし、同村の人口はIターン者が若干増えているとはいうものの、減少傾向に歯止めがかかったわけではなく、当然のことながら少子化傾向も続き、小学校存続をめぐる厳しい状況に変わりはない。

　一方、NPO法人の全国山村留学協会（本部：東京都武蔵野市）が継続実施してきた「全国の山村留学実態調査」の結果によれば、山村留学生は2004（平成16）年度のピーク時は全国で860人いたが、少子化の進行により2015（平成27）年度は479人とほぼ半減しており、この面から見ても北相木村をとりまく状況は極めて厳しい。また、こうした取組みに対する「公教育が塾の力を借りるのか」というような疑問や批判もある。

　けれども、どこの市町村でも今、山村留学など創意工夫をこらした様々な施策を講じて必死に立ち向かわなければ、人口の減少、地域社会の核である学校の統廃合（消失）、そして地域崩壊へのスピードを一層早めてしまうことは確実であると思われる。

　このように考えたとき、受け入れ農家をはじめ地域住民ぐるみの協力

で、30年も継続・発展させてきた北相木村による実践の今後に対する期待もさらに膨らむ気がするのである。

【参考文献・資料】

1　長野県教育委員会現地機関等の事例発表資料「北相木小学校における特色ある活動の取組みについて」（北相木村教育委員会・村立北相木小学校　2012年11月15日）
2　高濱正信『勉強が大好きになる花まる学習会の育て方』（かんき出版　2013年3月）
3　「北相木村・教育振興基本計画（平成27年度～31年度）」（北相木村教育委員会　2014年）
4　中日新聞「公立小が人気学習塾と連携　山村留学　学力も追求」（2014年11月3日付け同紙8面）
5　AERA（アエラ）「塾の手法を借りて　やる気スイッチオン」（2014年11月17日　21頁）
6　読売新聞「教育ルネッサンスNo.2044　官民一体型5　塾教材生かし漢字や音読」（2015年5月2日付け同紙A12版）
7　前屋毅「『目を輝かせる子どもたちの学校』はこうして生まれた」（岩波書店『世界』2015年12月号　277～283頁）
8　リーフレット「平成29年度　北相木村　山村留学生　募集のお知らせ」（同村教育委員会　2016年）
9　リーフレット「平成30年度　北相木村　山村留学生　募集のお知らせ」（同村教育委員会　2017年）

事例6 統廃合せず存続させることを目指す事例
—その3—

熊本県阿蘇郡高森町
～CS、小中一貫教育から義務教育学校、ICT活用などで存続を目指す取組み～

《ワンポイント・ガイド》

　この町による取組みの成果、とりわけICT活用による成果をお知りになった方の多くは、財政的に豊かな町の実践と思われるだろう。しかし、実態は2018（平成30）年3月末現在の人口が6,492人、格別大きな企業等が立地しているわけでもない、ごく普通の町である。

　そのような町が、施策の目的とそれを具現化する戦略を明確にして策定した「高森新教育プラン」に沿って、首長部局と教育委員会が一体となって、例えば子どもたちの通学の便や地域住民の想いを考えれば、町中心部の学校との統合など不可能な山間地にある小規模校の教育環境を整備するため、小中一貫教育から義務教育学校へ、ICTの活用による小規模校のデメリット解消策、そうした取組みの根幹だと位置づけるコミュニティ・スクールなど、次々と施策を展開し、成果を上げている事例である。

　そして、こうした多彩な取組みを可能にしたのが、感嘆するほど巧みな公募型外部資金の導入であることも興味深い。

1　高森町の概要

　高森町は熊本県の最東端にあり、東部は宮崎県西臼杵郡、東北部は大分県直入郡と竹田市に隣接しており、面積は175.06平方キロメートルである。町域は阿蘇外輪山で東西に大きく二分されており、西側が阿蘇カルデラの内部、南郷谷の一角で、JR立野駅と結ぶ南阿蘇鉄道の終点である高森駅があり、町役場をはじめとする行政や商工・観光の中心的な役割を担っている。

　高森町の沿革をたどると、1889（明治22）年の市町村制施行により1町13村の行政区画が統合されて、高森町、色見村、草部村、野尻村

事例❻ 統廃合せず存続させることを目指す事例 —その3—／熊本県阿蘇郡高森町

の1町3村となった。次いで1953（昭和28）年に町村合併促進法が制定され、1955（昭和30）年には高森町、色見村、草部村が合併。さらに、1957（昭和32）年8月に野尻村が編入合併し、現在の高森町が成立した。

1980（昭和55）年の人口は9,418人（同町役場統計資料。以下同じ。）だったが、2010（平成22）年には6,718人にまで減少し、2018（平成30）年3月末現在では6,492人と減少の流れがとまらない。

そして、国立社会保障・人口問題研究所が2013（平成25）年に公表した資料によると、2040年までの推計においては、4,292人まで減少するとされている。当然のことながら、年少（0〜14歳）人口も、2010年の758人が、2040年には350人まで減少すると推計され、極めて厳しい状況にある。

2　高森町の学校をめぐる厳しい状況
—高森東学園義務教育学校を中心に—

同町内にある学校は現在、小学校と中学校及び義務教育学校が各1校である。また、県立高森高等学校（普通科）が設置されている。同高校は、1948（昭和23）年4月、熊本県立阿蘇高等学校高森分校・白水分校（定時制）として開校。翌1949年4月、高森分校と白水分校が合併し高森分校になった。1952（昭和27）年4月、定時制を全日制に改めて高森分室と改称。さらに、翌1953年4月、熊本県立高森高等学校として独立し、今日に至っている。

前述した国立社会保障・人口問題研究所が2013（平成25）年に公表した資料で、1980（昭和55）年から5年ごとの年少人口の推移を見ると一貫して減少し、同町内の小・中・高等学校はこれまでも大きな影響を受けており、今後も続くことは明らかだと思われる。

そして、同町内においても、とりわけ阿蘇外輪山東側に波状傾斜して広がる標高800m、冬は厳しい寒さに見舞われる高原地帯の学校・高森東学園義務教育学校（以下、「東学園」）が受ける影響は極めて大きい。

そのため、以下では、そうした厳しい状況下に置かれた地域の学校である東学園に焦点を当てながら論述し、必要に応じて町の中心部にある高森中央小学校と高森中学校についても述べることを基本とする。

3 高森東小・高森東中の小規模校対策の検討

東学園（東小と東中を母体）の校区は、高森町全体の実に75％を占める広大な面積を有し、その中に小さな集落が散在している。一方で、校区内の戸数は650戸、人口1,448人（2017年4月1日現在）にとどまる。

産業は稲作と高冷地の気候を生かした野菜やメロン、タバコ、花卉栽培や畜産等の複合経営が多い。また、校区の約70％は山林・原野で、林業や畜産業に携わる住民もいる。

校区がこのように広大となったのは、町村合併への対応と少子化の進行に伴う小規模校対策として学校統廃合を繰り返してきたことによる。

すなわち、第1表にみるとおり、東小学校と東中学校の沿革は実にめまぐるしい。その要点を整理すれば、1987（昭和62）年4月に野尻、河原、草部北部の3中学校が統合し、現在地に高森東中学校（生徒数66人）が開校。1995（平成7）年4月には野尻、河原、草部北部の3小学校が統合し、同じく現在地に高森東小学校（児童数83人）が開校した。

さらに、2005（平成17）年4月には草部南部小学校と草部中学校が、それぞれ東小学校、東中学校に統合された。しかし、こうして東中は4校、東小は5校が統廃合を繰り返しても、両校の小規模校化の進行はとまらず、2011（平成23）年度には同中学校の生徒数が21人、同小学校の児童数が42人まで減少した。

しかしながら、現在の東学園がある場所から町中心部へは国道325号線で約22キロ、通常は車で約40分の距離がある。そのうえ、道路は狭くS字カーブや急坂もあり、しかも冬期間は降雪・凍結する日もある。児童生徒の通学の安全確保や身体的な負担、そして地域住民等の学校に

事例6 統廃合せず存続させることを目指す事例 ―その3―／熊本県阿蘇郡高森町

対する強い想いなどを考えれば、これ以上の統廃合を選択することはできなかったであろう。

第1表　東学園成立に至る各校沿革の概要

〈旧小学校〉

野尻小学校	河原小学校	草部北部小学校	尾下小学校	草部南部小学校
M7.4　津留尋常小学校設立	M25.4　河原尋常小学校設立	M7.3.10　矢津田尋常小学校設立	M7　尾下校設立	M7　社倉校設立
M12　津留小学校と改称		M9.3.1　中尋常小学校設立		M14　草部小学校と改称
				M26　草部尋常小学校と改称
				M30　永野原・芹口尋常小学校分離
T12.4.1　津留尋常小学校、河原尋常小学校、尾下尋常小学校を合併して野尻尋常高等小学校と改称	T12.4.1　野尻尋常小学校の文教場となる	T11.4.1　矢津田、中、両校を合併し、草部北部尋常高等小学校設立	T12.4.1　野尻尋常小学校の文教場となる	T10　永野原、芹口両校を合併し、草部尋常高等小学校と改称
S22.4.1　野尻村立野尻小学校と改称	S32.5.1　町村合併により野尻北部小学校と改称	S22.4.1　高森町立草部北部小学校と改称	S21.4.1　野尻村立尾下国民学校として独立	S22　草部南部小学校と改称
S32.8.1　町村合併により高森町立野尻小学校と改称	S35.4.1　高森町立河原小学校と改称		S22.4.1　野尻村立尾下小学校と改称	
			H4.3.23　高森町立尾下小学校閉校	
H7.3.31	野尻小学校、河原小学校、草部北部小学校閉校			H17.3.31　草部南部小学校閉校
H7.4.1	野尻小学校、河原小学校、草部北部小学校の3校を統合し、高森東小学校開校			
H17.4	草部南部小学校と統合する			
H26.4.1	高森東学園学校運営協議会設置			

第2章 事例からみた小規模校対策の実際

〈旧中学校〉

野尻中学校		河原中学校		草部北部中学校		草部中学校	
S22.4.1	野尻中学校創立（本校、河原分校、尾下分校）	S22.4.1	野尻中河原分校創立 野尻北部小一部教室借用			S22.4.22	草部村立草部中学校発足
S25.9.1 12.5	本校校舎落成 河原分校校舎落成	S26.12.8	新校舎落成				
S27.12.5	尾下分校教室落成						
S29.6.30	尾下分校教室廃止						
S35.4.1	河原中学校創立により分校廃止	S32.8.1	町村合併により高森町立野尻中河原分校と改称			S30.4.1	町村合併により高森町立草部中学校と改称
		S35.4.1	高森町立河原中学校として独立	S34.4.1	草部中学校分校より独立 草部北部中学校	S34.4.1	北部分校独立
				S49	校歌制定(3) 校旗制定(11)	S57.8.1	新校舎竣工、移転（芹口）
S62.3.31	河原中学校、野尻中学校、草部北部中学校閉校					H7.3.31	草部南部給食調理場閉鎖
S62.4.1（1987年）	高森町立高森東中学校設立					H17.3.31	閉校
H17.4.1	草部中学校と統合する						
H26.4.1	高森東学園学校運営協議会設置						
H28.4.1	小中のPTA一本化						

〈高森東学園義務教育学校〉

| H29.4.1 | 高森町立高森東学園義務教育学校開校 |

（高森町教育委員会作成・提供）

4　高森町新教育プランの策定

　同町教育委員会は、あくまで東小学校と東中学校を存続させつつ、町の中心部と急速に過疎化が進行する山間地との教育格差を是正し、町全体の教育の質を向上させることが求められることになった。

事例6 統廃合せず存続させることを目指す事例―その3―／熊本県阿蘇郡高森町

　その具体的な取組みのスタート点となったのが2012（平成24）年4月の「高森町新教育プラン」の策定（2015年4月改訂）である。

(1) 高森町の戦略

　町教育委員会は、あらゆる施策の企画・立案とその実施にあたり、明確な戦略で臨んでいるとし、そのキーワードが「教育の本流をいく」と「ローカル・オプティマム」だとする。

　このうち、「ローカル・オプティマム」という言葉は、内閣府による「地方分権改革推進会議」（2001年7月〜04年7月）の「事務・事業の在り方に関する中間報告」（2002年6月17日）の、「1. 地方分権改革の基本的考え方等」の中で、「改革の方向」の1つとして「(1) 国と地方の役割分担の適正化：ナショナル・ミニマムの達成からローカル・オプティマム（地域ごとの最適状態）の実現へ」と提言されたことで、注目されるようになった。

　すなわち、国と地方の役割分担論として従来、国はすべての国民に対して最低限の行政サービス（ナショナル・ミニマム）を保障する責務を負うとされてきた。一方、同中間報告では、都道府県や市町村が、多くの分野でナショナル・ミニマムが達成されていることを前提として、地域住民のより高いレベルのニーズに応じ、地域ごとに最適な状況（あるいは施策）を探求し、その実現に努力すべきだと提言した。そして、この地域ごとの最適な状況のことをローカル・オプティマムというのである。

　要するに、高森町教育委員会は、このキーワードを明示することにより、あくまでも教育の本流（あるべき姿）を歩みつつ、高森町の全地域における子どもたちの教育環境を最適化することに全力を尽くすことを宣言したのである。

　そして、町教育委員会は、このような基本姿勢を明確にしつつ、具体的な戦略として次の3点をあげた。

① 町をあげて
　ア　人・もの・金のマネジメント
　イ　町づくりは、人づくり　人づくりは、町づくり
　　（これは町長の政策であり、それに乗る）
　ウ　町議会の支援を得る
② 風に乗る
　ア　風を読む、風をつかむ、そして風に乗る
　イ　スピード感を持って
　ウ　中途半端ではなく、徹底して
③ 国や県の動向を見据える
　ア　国の施策に乗る
　イ　県の施策に乗る
　ウ　地方分権・規制緩和の波に乗る

(2)　「高森町新教育プラン」の位置づけと内容

　同プランは、「高森に誇りを持ち、夢を抱き、元気の出る教育」を目指して、教育改革を推進しようとするもので、その重点施策が「コミュニティ・スクールを基盤とした小中一貫教育・ふるさと教育」である。
　また、そのねらいは次の4点である。
① 高森の子どもたちに「確かな学力」と「豊かな心」を醸成する。
② 高森の地域力を生かした「地域とともにある学校づくり」を推進する。
③ 高森町行政と連携した「教育環境の整備」を推進する。
④ 高森町教職員の資質を高める「高森町教育研究会の活性化」を図る。

　2011（平成23）年7月に町教育長就任以後、強いリーダーシップを発揮して一連の施策を推進している佐藤増夫氏は、こうした4点のねらいの趣旨と相互の関連について、次のように説明している。

事例⑥ 統廃合せず存続させることを目指す事例―その3―／熊本県阿蘇郡高森町

> 　学校が子どもたちに豊かな成長を最大限保障するためには、教職員が学校どうしでつながり、切磋琢磨すること、地域ともつながり、地域とともに子どもを見守り育んでいくこと、そのための教育環境を首長部局とも連携して整えていくことが、本町の教育理念である。この理念の実現には、コミュニティ・スクールの仕組みが大きな役割を果たす〜。
> （佐藤増夫「高森町新教育プラン〜コミュニティ・スクールを基盤とした小中一貫・ふるさと教育の推進〜」（「東研EduNews（エデュニュース）九州第13号」2013年2月　6〜7頁））

5　高森町新教育プランに基づく具体的な取組み

　町教育委員会は、このプランに基づいて具体的な施策に次々と取り組み、それらの大半が今日まで着実に実績を積み上げているように思われる。以下に、その主要な取組みの概要について述べる。

(1)　コミュニティ・スクールへの取組み

①　取組みの経過

　前述したとおり、同町ではコミュニティ・スクールを新教育プランの根幹となる重点施策と位置づけており、同プランの初年度にあたる2012（平成24）年度から早速に具体的な取組みが始まった。

　折しも、文部科学省は東日本大震災の教訓として「平素からの学校と地域の関係づくりが子どもたちを守り、地域を守ることにつながる」ことが多くの人々に共通理解されつつある中で、2012年度から5年間でコミュニティ・スクールの数（2011年4月1日時点では789校）を全公立小・中学校の1割（約3,000校）とする数値目標を掲げ、取り組む市区町村に対してインセンティブを提供するなど、推進方策を強化していた。

　高森町では、高森中学校区と高森東中学校区が同時に文部科学省のコミュニティ・スクールに関する調査研究事業の委託（2012年度から14

年度)を受け、研究費の給付と教員2人の加配措置を受けた。また、町が新しい制度であるコミュニティ・スクールに対する教職員や幅広い町民の理解を深める目的で開催した研修会等への講師派遣等の支援も受けた。

町教育委員会は、この調査研究事業を通じて両中学校区での導入準備を進め、2014(平成26)年4月1日、両校区同時に学校運営協議会を設置(コミュニティ・スクールに指定)した。

さらに同町のコミュニティ・スクールに対する積極姿勢は続いた。すなわち、文部科学省は2015(平成27)年度の新規事業として、高森町も指定を受けた「コミュニティ・スクール導入促進事業」等を核として取り組んできた「地域とともにある学校づくり」をさらに加速させるため、「首長部局等との協働による新たな学校モデルの構築事業」を始めたが、高森町はこれにも手をあげて採択され、事務職員の加配を受けるなどの支援を得て研究に取り組んだ。

この事業は、「地域コミュニティの衰退や子どもの問題行動等、学校・地域の差し迫った社会的・地域的課題に対し、首長部局や関係機関等と協働体制を確立し、課題解決に取り組む新たな学校モデルを構築する」(同事業要項)ことを目指すものであった。

同町が文部科学省に提出した計画書及び「事業のまとめ」(概略版)等によれば、研究課題を「高森町新教育プランの推進」とし、研究のねらいは次のとおりであった。

> プランの中心施策は「コミュニティ・スクールを基盤とした小中一貫教育・ふるさと教育」である。実践研究では、教育委員会と首長部局、関係機関が協働した協議体を設置し、以下の4つの視点で研究を展開する。
> (1)コミュニティ・スクールの充実　(2)小中一貫教育の導入推進
> (3)ふるさと教育の推進　　　　　　(4)教育環境の整備

ここで注目すべきは、コミュニティ・スクール導入促進事業の指定期間が終わると同時に、設置した学校運営協議会の活動をより確固としたものにし、それを基盤としてプランに掲げた他の施策の充実を目標に、切れ目のない取組みを継続し、それに要する経費の多くを引き続き国の支援で確保していることである。まさに、前述した同町の戦略「町をあげて」「風を読む、風をつかむ、そして風に乗る」「国や県の動向を見据え、国の施策に乗る」をそのまま実践しているように思われる。

さらに、2018（平成30）年度からは新たに文部科学省委託事業「学校運営協議会の設置・拡充に向けた調査研究事業」に取り組んでいる。

② 東学園における学校運営協議会

高森町におけるコミュニティ・スクールへの取組みの実態について、東学園を例としてみることにする。

「高森町学校運営協議会規則」（平成25年12月20日町教育委員会規則第10号）は、「地方教育行政の組織及び運営に関する法律」（昭和31年法律第162号）の規定に即した内容となっている。すなわち、所掌事項のほか、しばしば議論となる教職員の任用に関する意見具申権等についても明確に規定しており、格別に特色のある内容はない。

このような町教育委員会規則を受けて作成された「東学園運営協議会要項」も、格別に特異な規定はないが、何点か注目すべき内容もある。

例えば、第2条（「目的」）では、「協議会は、保護者や地域住民の要望、意見を学校経営に反映させ、特色ある学校づくりを行うものする」と、その役割をわかりやすく明記していることである。また、第3条（「趣旨」）では、協議会が学校運営基本計画の承認権及び運営に関する意見具申権等を有することを明記した後、「さらに、学校応援隊として、教職員・保護者・地域住民とともに学校運営に参画する」と規定し、協議会委員は外部から単に意見を述べ、評価等を行うだけではなく、必要に応じて学校運営へ実際に関わるよう求められることを明確にしている。

2017（平成29）年度における委員は15人。委員の構成は、町規則に明記された選出区分の「指定学校の通学区域内の地域住民」が最も多く、広報配布など地域住民と行政との連絡役として町から委嘱された校区駐在員の代表、おやじの会代表、女性の会会長、前小・中学校PTA会長、保育園長など11人である。この他、「児童生徒の保護者」として東学園PTA会長、「学識経験者」として前公立中学校長、そして指定校の校長と副校長で構成されている。現会長は前小・中学校PTA会長である。

　協議会による実際の活動では、学校運営の基本方針の承認や校長・教育委員会への意見具申、学校評価など法律に規定された役割を果たしている。また、義務教育学校の開設にあたり学園歌（校歌）の制定をプロの作詞・作曲家に依頼せず、阿蘇五岳など同校から望む風景や地名、伝統など残したい言葉を児童生徒と地域住民から募り、議論したうえで歌詞を決め、作曲は同校音楽教員が中心になって行うよう主導した。この他にも、日常的に様々な学校支援活動に取り組むなど、文字通り「地域とともにある学校づくり」を実践している。

⑵　小中一貫教育への取組み　―義務教育学校を中心として―

　小中一貫教育が、新教育プランの重点施策と位置づけられていることは前述した。

　町教育委員会は同プラン実施初年度の2012（平成24）年、町費負担教員の配置により東小学校の複式学級を解消するとともに、県教育委員会に申請し、隣接する東小学校と東中学校教職員に両校の兼務発令を行ったうえで、小中一貫教育を導入した。これは、一般的に小中一貫教育の主要な目的と指摘される、いわゆる「中1ギャップ」の解消などとともに、小規模校で数少ない教職員を小・中を一体化することで有効活用することにより、小規模校のマイナスを少しでも減少させることをも目指すものであった。

事例6 統廃合せず存続させることを目指す事例 —その3—/熊本県阿蘇郡高森町

　そして、学校教育法改正による小中一貫教育の法制化を受けて、この両校が2017(平成29)年4月1日、熊本県初の義務教育学校「高森東学園」となったことは前述した。以下では、この小中一貫教育導入から、東学園による小中一貫教育のさらなる充実を目指す取組みを一連の動きとして述べる。

　同町の小中一貫教育は、小・中の9年間を4-3-2の3つのブロックに分け、目指す児童生徒像を明確にし、一貫した教育活動を行うことを基本とするものである。各ブロック別の取組み内容等は、以下のとおりである。

① **学年区分による取組み**
・Sブロック（小学校に相当する1～4年）
　学級担任制（ただし、体育・音楽は教科担任による授業）。
　基礎的・基本的な事項の「徹底」を図る。
・Mブロック（小学校5・6年～中学校1年相当の7年）
　5年生は5教科で教科担任制。6～7年生は教科担任制。
　基礎的・基本的事項の定着と「活用」する力を高める。
・Lブロック（中学校2・3年相当の8～9年）
　教科担任制。
　課題に「主体的に対応」していく力を高める。

　教職員による指導体制として各ブロック別に、主任・副主任、学力向上推進リーダー、生徒指導担当を置き、各ブロックの指導の充実を図っている。
　また、学級担任制をとっているSブロックにおいても、専門教科の教員による交換授業等を取り入れることで、一人ひとりの教員の専門性を最大限に生かした指導体制により学力の向上を図っている。
　さらに、5年生から定期考査を実施することにより、「中1ギャップ」

を生ずる1つのきっかけになるとされる要因を除去するとともに、指導と評価の一体化を図ることで授業の改善に取り組んでいる。

② **教育課程特例校制の活用** —高森ふるさと学と英語教育を中心に—

東学園の母体となった東小・東中の両校は2012(平成24)年8月1日、文部科学省教育課程特例校の指定を受け、翌13年度から「総合的な学習の時間」に代わる「高森ふるさと学」及び「わくわくイングリッシュ」の創設に取り組んだ。以下に、その概要について述べる。

ア 「高森ふるさと学」

　これは、豊かな自然に恵まれ、「神話の里」として多くの文化財が受け継がれてきた高森町の自然や文化について学び、町の課題に向き合い、未来のふるさと高森のあり方を探求していくことを目指すものである。小中一貫したカリキュラムのもとで、職場体験や農業体験などを通して「ふるさと高森」を学ぶ。そして、こうした学習の集大成として、中学3年生が「子ども議会」に臨み、議員として自分たちの調査・研究した施策を町執行部に提案し、議論する場が設定されている。

　配当時間数は3～4年が70時間、5～9年が52時間である。

　また、こうした学習を充実させる教材として、小学校社会科副読本『わたしたちの高森町』、教師用指導の手引き、CD、高森カルタの4点セットを町が独自に作成した。

イ 「わくわくイングリッシュ」

　これは、小学校からの英語教育導入による英語教育強化を図るため、熊本大学教育学部のピーターソン准教授の指導を受け、小中学校9カ年の英語教育体系化を目指して取り組んでいるものである。

　2017（平成29）年度では、1・2年生が英語活動を20時間実施。3・4年生は英語を35時間、5・6年生は70時間（45分授業55時間、モジュール授業15時間）、8・9年生は160時間を町の標準時数と

事例⑥ 統廃合せず存続させることを目指す事例 ―その3―／熊本県阿蘇郡高森町

して実施している。

　なお、小学校におけるモジュール学習は、1単位時間の学習に関連させて、一層定着させることを目指して取り組んでいる。2年間を通してアルファベットの音声と文字を書いたり、3文字程度の単語を読んだりできるようになることを目標としている。教材を使用した学習を中心としつつ、ゲームや歌などの活動も取り入れながら、音と文字の一体化をねらいとし、楽しく繰り返し学ぶことで定着を図っている。

③　文部科学省の「英語教育強化地域拠点事業」を受託

　「わくわくイングリッシュ」は、2015（平成27）年度から文部科学省による研究開発事業の受託につながり、同町における英語教育のさらなる充実を図る取組みが可能になった。

　同事業は、「小学校における英語教育の適切な開始年次や授業時数の在り方、小学校から中学校及び中学校から高等学校への円滑な移行のための方策、中学校・高等学校における英語教育の目標・内容の高度化を図る等、小学校、中学校、高等学校及び中等教育学校における英語教育に関する教育課程等の改善に資する実証的資料を得る」（平成26年2月5日初等中等教育局長決定「英語教育強化地域拠点事業公募要領」）ことを目的とする研究開発事業であった。

　また、この事業では強化地域拠点において、教育課程の編成を踏まえた以下の4つの要件を必須とし、それぞれの有効性を検証することになっていた。

　○小学校から高等学校までを通じて達成を目指すべき教育目標を、「英語を使って何ができるようになるか」という観点から、4技能に係る一貫した具体的な指標の形式（CAN-DO形式）で示すこと。
　○小学校第3学年及び第4学年については、活動型で週1コマ以上実施。

○小学校第5学年及び第6学年については、教科型で当初は週1コマ以上実施したうえで、その後さらに時数を増やす。
○教科型の英語教育を経た生徒が入学する中学校・高等学校における教育目標・内容の高度化や、より着実な定着を実現するための教育課程の編成及び「授業は英語で行うことを基本とする」などの指導及び評価の改善。

こうした事業内容は、小中一貫教育に取り組む高森町には好都合であった。

同町では、町内の全小・中学校と県立高森高等学校による小中高一貫教育の形で研究開発事業に取り組んだ。以下に、その主たる取組み内容を紹介する。

ア 「CAN-DOリスト」の作成

指定初年度の2015（平成27）年度から高校をも含めた一貫した到達目標を明示する「CAN-DOリスト」の作成作業に取り組んだ。最初は各学年に分けて詳細な12年間のリスト作りをしたが、学年ごとの違いを明らかにしようとするあまり、全体的にわかりにくい「ただのお飾り」になってしまう可能性を指摘する意見もあり、翌年度からはシンプルなものにした。すなわち、**第2表**（2017年度版）に示すように東学園の学年区分を基準とした前期、中期、後期、高校の4ブロックに分けて大枠を示すものにした。そのうえで、小学校で教科化された場合、どの教員でも授業ができる詳しい情報が必要と考え、「CAN-DOリスト」に基づき具体案を多く盛り込んだ各学年別の詳細なリストをも作成し、二段構えとした。

また、従来から中学生の英語力向上のためには、アルファベット（文字）の獲得が1つのハードルとされてきた。高森町は児童生徒の学習段階に応じて音と字形を一体化して指導することで、アルファベットの習得を確かなものとすることを目指しており、そのマトリックスは**第3表**（2017年度版）のとおりである。

事例❻ 統廃合せず存続させることを目指す事例 ―その3―／熊本県阿蘇郡高森町

第2表 小中高を貫く「CAN-DOリスト」の形での各学年ブロック別到達目標

学年等	前期 (小学1〜4年)	中期 (小学5・6年、中学1年)	後期 (中学2・3年)	高校(1〜3年)
聞くこと	○はっきりとくり返して話される英単語や英語による2〜3文程度の簡単な話題を理解することができる。 ○学校や生活の中でよく使用する簡単な英会話表現を理解することができる。 ○アルファベットの名前を聞いて、文字を選ぶことができる。	○初歩的な語彙や表現での会話や文章、自己紹介、電話でのやり取りなどを聞いて、主な内容を聞き取ることができる。	○やや長めの文章や様々な場面で話されるまとまった英語を聞いて、話し手に聞き返したり、概要や要点を整理したりして、内容や話し手の考えや意向を正確に聞き取ることができる。	○社会的な話題や時事問題についての説明を聞いて、情報の概要や要点を捉えることができる。 ○社会的な話題や時事問題を含む様々な事柄に関する対話を聞いて、情報の概要や要点を捉えることができる。
読むこと	○身の回りの英単語を見て、一文字ずつ文字通りに読むことができる。	○初歩的な語彙や表現で書かれた文章(会話文、紹介文、日記、絵はがき、物語など)を読み、その主な内容を読み取ることができる。	○物語や伝記、記事、説明文などを読み、自分の感想や意見を述べることができるように、その内容や大切な部分を整理しながら正確に読み取ることができる。	○社会的な話題や時事問題についての説明を速読して、情報の概要を捉えることができる。 ○説明や物語などについて精読して、要点や詳細を捉えることができる。 ○説明や物語などについて、表現を工夫して聞き手に伝わるように音読や暗唱ができる。
話すこと やり取り	○学校や生活に関する簡単な話題について、英語の定型表現を使って1〜2往復程度のやり取りをすることができる。	○初歩的な語彙や表現を使って、自分自身のことや、身近な話題(体調をたずねる、電話の会話、道案内、お願いなど)、体験したこと、読み物の感想などについて短い会話(やり取り)をすることができる。	○身近な話題(食事の会話、さそい、道案内、電話の会話)や聞いたり読んだりしたことについて、感想や意見を述べ合ったり、問答するなどして、会話(やり取り)を続けることができる。	○国内外の様々な話題(文化・伝統・習慣、文化遺産、環境、人権等)について、学んだことや経験したこと、調べた情報に基づいて、話し合ったり、課題解決に向けて結論をまとめたりすることができる。
話すこと 発表	○はっきりとくり返し話された英単語や英語のごく簡単な会話表現について、音やイントネーションの正確さを意識しながら発音することができる。 ○自分に関する簡単な情報について、英語の定型表現を使って2〜3文程度で伝えることができる。	○初歩的な語彙や表現を使って、自分自身のこと(自己紹介、一日の生活、学校行事、思い出の行事等)や体験したこと、読み物の感想等について発表することができる。	○身近な話題(日本文化紹介、修学旅行、中学校生活など)について、理由や根拠を付け加えながら、まとまりのある内容で発表することができる。	○国内外の様々な話題(文化・伝統・習慣、文化遺産、環境、人権等)について、学んだことや経験したことに基づいて、伝えたい内容を整理して発表することができる。

学年等	前期 (小学1〜4年)	中期 (小学5・6年、中学1年)	後期 (中学2・3年)	高校(1〜3年)
書くこと	○アルファベットの大文字・小文字をブロック体で書くことができる。	○初歩的な語彙や表現などを使って、身近な話題(自己紹介、一日の生活、学校行事、友達・家族のこと、週末の出来事)や体験したこと、感想等を4文以上で書くことができる。	○様々な話題(日本文化紹介、手紙、修学旅行、レポート、中学校生活など)について情報や自分の考えなど読み手に正しく伝わるように、文章の構成を意識して6文以上で書くことができる。	○学んだことや経験したことから得た情報や自分の考えなどについて、目的に応じてまとまりのある文章を書くことができる。 ○文章の構成(Introduction-Main Body-Conclusion)を考えながら書くことができる。

(高森町教育委員会作成・提供)

第3表　アルファベット(文字)の獲得に関するマトリックス(2017年度版)

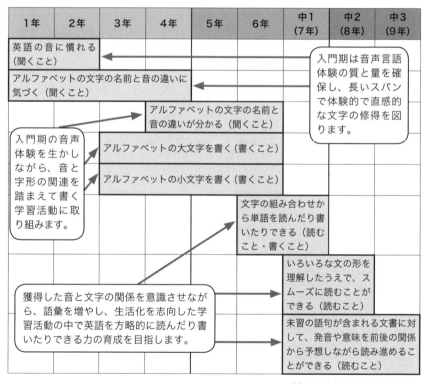

(高森町教育委員会作成・提供)

イ 指導体制の充実

　高森中央小学校・高森中学校及び東学園では、ALTが1人、英語に堪能な町負担職員である英語補助員2人が授業に携わっている。また、高森中央小学校では英語科担当教員がTTとして学級担任のサポートを行い、東学園では5～9年生の授業を英語科担当教員が行うなど、効果的な指導体制の確立に努めている。

　高森高校ではALTがコミュニケーションを中心とした授業を行い、パフォーマンステストの評価や外部検定試験の指導などを行っている。

　なお、こうした指導体制と密接に関連するICTの活用と遠隔交流学習の導入については、改めて後述する。

ウ 英語の生活化

　高森町は文部科学省の委託事業の研究テーマを、「英語の生活化をめざしたカリキュラム開発」とした。そして、英語の「生活化」の意義については、学年区分の4期別に次のように説明している。

○義務教育前期（小1～小4）
　英語に慣れ親しみ、英語を使ったやり取りを楽しむこと
○義務教育中期（小5～中1）
　英語を使う場面を意識し、積極的に発信しながらコミュニケーションを楽しむこと
○義務教育後期（中2、中3）
　相手意識を持ちながら、身近な話題について英語で情報や意見を交換できること
○高等学校（高1～高3）
　英語を通して、国内外の事情や身近な問題を理解し、情報や意見を交換できる

　この英語の「生活化」を目指して様々な取組みを行っているが、その中から具体的な取組み例を3件だけ紹介する。

【校内環境の整備】

英語の学習教材や児童生徒の作品を校内（廊下）に設定したEnglish Streetに掲示し、学習した英語にいつでもふれることができるようにしている。

【English Day】

ALTの来校日をEnglish Dayとし、挨拶や朝の校内放送、給食の献立を英語で行う。また、朝の会や職員室入室も英語で行うなど、学校全体で英語を使う環境づくりを行っている。

【英語キャンプ】

夏休みに6年生を対象として1泊2日で英語キャンプを実施。ALTや英語ボランティア、町内の中高校生も参加し、英語を使った様々な活動を行う。

また、英語劇へも積極的に取り組んでいる。

④　研究の成果に対する町教委の評価

町教育委員会は、こうした取組みにより様々な成果があったと評価している。

すなわち、町教委によれば、2017（平成29）年度の全国学力・学習状況調査の結果において、町内の6年生の「外国への留学・国際的な仕事への興味関心」が熊本県平均より4％高いことをあげている。また、県が毎年12月に実施している学力調査における英語の授業に対する質問紙調査の年度別比較では、2014（平成26）年度の中1時点で「英語が分かる」と回答した生徒の割合は県平均を10％以上下回っていたが、本研究事業に取り組み始めた2015年度以降の調査結果では、毎年県平均を10％以上上回っていることなどをあげ、文科省の委託研究事業を核とした小中高一貫英語教育への取組みにより、大きな成果があったと分析している。

そして、町教委はこうした成果を上げた大きな要因として、前述し

た町費による英語補助員の導入などの指導体制の充実とICT機器を活用した遠隔授業におけるALTの活用などをあげている。

なお、ICT機器の活用については改めて後述する。

(3) 教育環境の整備 ―ICT機器の整備と活用を中心として―

「教育環境の整備」は、高森町新教育プランの4本の柱の1つであり、そのうち町負担教職員の配置等については前述した。ここでは、ICT環境の整備と活用を中心として述べる。

① ICT環境の整備に至る経過

小規模校化がとまらない東小学校と東中学校を存続させ、町中心部にある小・中学校との格差を是正し、町全体の教育の質を向上させる具体策を模索し続けていた佐藤教育長が、ICTこそ課題解決策になり得るのではないかと考えたきっかけは、2011(平成23)年に町長に就任した草村大成氏が町全体のICT化に着手したことだったという。

草村町長は全家庭に光回線を整備し、町の情報共有化や主産業である農業のICT化に着手した。この機をとらえ、教育長は「町の将来を担う次世代を育成する教育への投資も大切」と強く訴え、町長の理解を得て教育のICT化も町の重点施策に位置づけられた。折しもこの年、文部科学省が教育の情報化ビジョンを発表したことも、教育長の動きを強く後押ししたという。

同町のICT化は急ピッチで進められたが、主要な整備の年次別の取組み状況を簡単に整理すれば、以下のとおりである。

ア 電子黒板の導入(46台)
- 全小中学校普通教室へ27台(平成24年度)
  (同年、実物投影機も全普通教室へ導入)
- 特別教室へ12台(同25年度5台、28年度7台)
- 特別支援学級へ4台(同28年度)

・体育館等へ3台（同28年度）

　こうした整備を始めるにあたり、「電子黒板が入る学級とそうでない学級があれば、ICT化は進まない。やるなら一気に全員が取り組める環境整備が不可欠。」という町長の強い意向で、初年度に大きな投資をして全普通教室に導入し、翌年度には特別教室のすべてに導入したことが、短期間での教員の意識改革に成功し、その後のICT活用による様々な取組みを順調に進めることを可能にした最大の要因だったとされる。

イ　デジタル教科書の導入
・全小中学校の各教科（同24年度）

ウ　タブレットPCの導入（390台）
・全小中学校120台（同25年度、企業からの寄贈）
・全小中学校270台（同26年度、うち30台は企業からの寄贈）

エ　教育CIO制度の導入等

　平成24年度から導入。現在は教育審議員兼教育CIO補佐官と改められ、国の動きや学校現場のことなど、教育全般に豊富な識見と経験を持つ退職校長が任命され、教育委員会事務局で新教育プランに係る学校との連絡調整と教育情報化の推進役を担っている。

　また、新教育プランに係るICT環境の整備、学校間や外部機関等との遠隔接続のサポートをする学校ICT支援員も配置している。

　こうした人的配置をもきちんと行うことで、全町一体となったICT機器活用による多様な取組みを可能にしている。

　なお、同町はこれらの他、熊本県教育委員会による「校務支援システム」（平成24年度）、「学校CMS」（同25年度）をはじめとし、教務支援システム（同25年度）や学習支援ソフト（同26年度）等も全小中学校に導入した。併せて、全小中学校に校内無線LANを整備（同26年度）した。

② ICT活用による主要な取組み ―東学園を中心として―

　高森町は2015（平成27）年度から17年度までの3年間、文部科学省委託事業「人口減少社会におけるICTの活用による教育の質の維持向上に係る実証事業」を受託し、様々な取組みを行った。

　その取組みは、受託以前の取組みを基礎として多様な内容のものとなったが、その中から東学園を中心とし、テレビ会議等のICTを活用した遠隔授業に焦点を当てながら紹介する。

　ア　ICTを活用した遠隔授業の基本的な考え方

　　高森町が取り組んだICT活用による遠隔授業の基本的な考え方について、文部科学省による委託事業の指導者である鹿児島大学大学院准教授・山本朋弘氏の解説（「高森町発信！ ICTを活用した遠隔合同授業実践ガイド」高森町教育委員会　2017年12月　2～8頁）に拠りながら、簡単に整理しておくことにする。

鹿児島大学大学院准教授・山本朋弘氏の解説

（「高森町発信！ICTを活用した遠隔合同授業実践ガイド」より）

〈ICT活用による遠隔授業が求められる背景〉

　高森町では事業に取り組むに当たり、東小・中学校のような山間部の小規模校では、およそ次のような喫緊の教育課題への対応を迫られていることを確認した。

　○小規模学級では、子どもどうしの多様な意見に触れる機会が少ない。また、学習集団が固定しがちで、多様な見方や考え方が出にくい。
　○長期にわたり同一のメンバーで生活することが多く、意図的に社会性を養う機会を増やす必要がある。
　○小規模校では教員数が少なく、教師間の相談や協力が行われにくい。また、中学校では免許外の教師が配置されることもあり、教師の専門性を活かした授業が困難になることも多い。
　○学校外の学習施設を利用することが困難で、専門施設や専門家から

学ぶ機会が少ない。また、学外への移動も費用や時間等で負担が大きい。

一方で高森町は、東小・東中の存在を背景として小規模校の特色を活かした授業、少人数だからこそできる個別学習の充実などが求められており、その１つの方法として遠隔授業の可能性が大きいと考えた。

〈遠隔授業を持続化させる共通理解の促進〉

かつてICT活用による遠隔授業の試みはかなり多く行われたが、機器の機能上の限界等により持続しなかった事例が多い。高森町では近年、技術的な課題が大きく改善されたにもかかわらず、教育方法等の課題解決が不十分で、学校現場の遠隔授業への理解が深まっておらず、継続的に実施するための工夫が必要だと考えた。

その上で、高森町は遠隔合同授業を継続的に実施するため、以下の３点を中心に、学校間や教職員間で共通理解を図りながら、学校や地域全体で取り組むことを確認した。

○接続することの意味を確認する必要

従来の遠隔授業では、学校間や学校と専門機関等を接続することが目的化し、何のためにつなぐのか、どのような内容で交流・協働するかが不明確になりがちであった。接続する意味を十分に共通理解しながら取り組む必要がある。

○一体感のある授業展開の必要性

これまでの遠隔授業では双方の情報交換に終始し、双方向性のあるやりとりの学習場面が少ないことが多かった。お互いのやり取りで一体感のある授業を展開するためには、必要性の高い単元や題材で実施や接続場面の限定、課題別の学習形態導入などの工夫が求められる。

○互恵関係を確保する必要性

遠隔授業では、学校外の相手と接続して合同学習や交流学習を行うことが基本である。より質の高い遠隔授業を継続させるためには、相互に利益が感じられるような関係を確保する必要がある。

事例6 統廃合せず存続させることを目指す事例 ―その3―／熊本県阿蘇郡高森町

〈遠隔合同授業で効果的な学習活動〉

　高森町では、充実した機器を活用した遠隔授業を全ての学年や教科、単元で実施すれば良いというものではなく、実施によって前述した小規模校の教育課題を解決できるか、より効果的な実践になるよう取組みの重点化を図ることが大切であることを確認。その上で、遠隔合同授業に適した学習活動や単元に関する視点を次の5つとし、その学習活動を効果的に行うポイントをも整理した。

　　○多様な考えで学び合う学習活動
　　○コミュニケーション能力育成を図る学習活動
　　○地域の良さや違いに着目した学習活動
　　○専門家や専門施設を活かした学習活動
　　○協働で制作や評価をする学習活動

〈遠隔授業の年間指導計画への位置づけ〉

　高森町では、遠隔授業が全ての単元や授業の全時間でテレビ会議等を活用する必要はなく、むしろ効果が高い単元や題材に絞って実施することが重要だと考え、テレビ会議を用いた遠隔授業が必要な場面を見極め、各教科等での単元構成に組み込む必要があるとした。

　また、イベント的なテレビ会議の使用にならないようにするため、計画的にカリキュラムに位置づけることが不可欠だとした。その上で、高森町は、テレビ会議を活用する学年・教科・単元を一覧した年間指導計画を作成し、日常的・継続的な遠隔授業ができるようにした。

イ　ICT活用による遠隔授業の主な実践例

　　高森町では遠隔合同授業に適した学習活動や単元に関する5つの視点を明確にしたことは前述した。

　　町ではこの視点別の遠隔合同授業の実践として、次のような事例をあげている（「高森町発信！ICTを活用した遠隔合同授業実践ガイド」）。

　　以下に、その一部を簡単に紹介する。

・多様な考え方で学び合う学習活動
〈小学校5年算数〉　多様な体積の求め方を出し合い、比べて考える
〈小学校6年総合〉　ふるさとの良さを再発見し、町のふるさとCM作成
〈中学校3年道徳〉　多様な意見に触れることで対話的学びの充実が目的

・コミュニケーション能力の育成を図る学習活動
〈小学校6年国語〉　ディベートを柱としたコミュニケーション能力育成
〈中学校3年社会〉　根拠をあげて主張する。遠隔でのディベート討論
〈中学校1年英語〉　Web会議活用によるコミュニケーション能力養成

・地域の良さや違いに着目した学習活動
〈小学校5年社会〉　自分たちの暮らしと山地の暮らしを結びつけて考える
〈中学校2年技術〉　標高差300メートルの学校間で秋ギクの比較栽培

・専門家や専門施設を活かした学習活動
〈小学校6年理科〉　専門家の助言を受けて深める課題別学習
〈小学校3〜6年英語〉　帯学習でのALT活用。全ての単元・授業で実施
　※町内に1人しかいないALTがテレビ会議の接続により、小学校英語の全時間で指導にあたっていることは、特筆すべきことである。
〈中学校3年技術〉　JAXAのロケット専門家からプログラミングを学ぶ

・協働で制作・評価する学習活動
〈小学校6年社会〉　協働で情報収集し、歴史新聞を制作
〈小学校6年総合〉　遠隔で編集会議を行い、町のPRパンフレットを作成
〈中学校2年総合〉　調べて、まとめて、修正し合い、発表する

ウ　ICT活用による遠隔授業の成果 —児童生徒の変容—
　前述したような遠隔合同授業の実践を積み重ねる中で、教師主導によるのではなく、児童生徒が自主的に交流するようになった

事例⑥ 統廃合せず存続させることを目指す事例 —その3—／熊本県阿蘇郡高森町

という。

　同じ町内の学校とはいえ、車でも約40分を要する距離にある学校間で児童生徒が直接交流する機会はほとんどないが、遠隔授業での交流を契機に昼休み時間等を利用して児童生徒が自らテレビ会議を接続し、コミュニケーション活動を展開することが多くなったという。こうした動きに合わせ、学校間で日課表を合わせるなどの調整をしたため、活動が一層活発になっている。

　このような日常的な活動は、児童生徒のICT活用スキルを一層向上させるものと思われる。

エ　テレビ会議活用による免許外教科担任制度への対応 —注目すべき試み—

　東学園のような小規模校では専門教員が不足にならざるを得ない。現に同学園の後期課程（中学校）では、技術科教員が美術と家庭科を兼任する状況となった。そうした中で、東学園は高森中学校とテレビ会議で結び、高森中の美術科教員の専門性を生かす遠隔での共同授業の試みを行った。

　こうした取組みは、注目すべきものとして文部科学省の「免許外教科担任制度の在り方に関する調査研究協力者会議」（2018年2月6日の第2回会議）での報告を求められ、町教育委員会の古庄泰則審議員が詳細な説明を行った。文部科学省が公表した議事録や当日の配布資料等によれば、古庄氏は取組みのねらいについて、テレビ会議の活用により教員の専門性を生かす遠隔授業を行うことで、小規模校における専門外教員による教科指導の質の向上、小規模校での学び合いの機会を生むことなどである旨の説明をした。また、今後の課題として、専門教員の継続的活用を図る年間指導計画の作成、遠隔によるグループ学習の質の改善、交流校との一体感を生み出す遠隔授業形態の研究などを指摘した。

③　新たな文部科学省委託研究事業への挑戦

　高森町はICTの活用による遠隔授業のさらなる充実に向け、文部科学省による2018（平成30）年度からの新規委託事業「学校ICT環境整備促進実証研究事業（遠隔教育システム導入実証研究事業）」の公募に応じて採択され、新たな歩みを始めた。

　ちなみに、文部科学省はこの新規委託事業の趣旨及び事業内容について、公募要領等で次のように説明していた。

〈事業の趣旨〉

　ICTを活用した遠隔教育は、多様性ある学習環境や専門性の高い授業の実現等、質の高い学習の実現に資することが期待される。このため、ALTを活用した外国語指導や特別な配慮を必要とする児童生徒へのきめ細やかな指導等において、遠隔教育システムの活用を促進することにより、児童生徒の学びの質の向上を図る。

〈事業の内容〉

　実証地域において、遠隔教育システムを導入するとともに、当該システムを活用した遠隔教育の実践を行い、当該システムの効果的な活用方法の検証や、遠隔教育の効果測定等に関する実証研究を行う。

　こうした事業の趣旨及び内容をみれば、これまでの取組みを通じてICT活用の成果を確信し、さらなる充実を目指す高森町が応募したのは当然であろう。

　一方で、高森町による遠隔教育の実践に注目してきた文部科学省が、同町によるこれまでの取組みを踏まえた新たな実証研究の企画提案を採択したのも、ごく自然な流れのように思われる。

(4)　高森町教育研究会

　校長を中心とした現場の教職員で組織される「高森町教育研究会の活性化」が、新教育プランの柱の1つであることは前述した。

事例❻ 統廃合せず存続させることを目指す事例 ―その3―／熊本県阿蘇郡高森町

　町教育委員会は、「モノ（機器）だけを入れても、教師が変わらなければICT化は進まない」として、町内の全教員が一堂に会する研修会を定期的に開催している。テレビ会議などを活用すれば、全員が1箇所に集まらなくても研修会はできるが、全員が一体となってやる気にさせるためには、実際に会って話をする機会が必要だという。

　研修会は授業力の向上を主目的とすることが多く、例えば若手教員が模擬授業を行い、それをもとに参加者が意見を交わすような形である。その際、参加者全員が意見を出しやすい環境づくりを重視しているという。

　もちろん、ICT利用環境が整備された高森町ならではの遠隔研修も、日常的に行われている。それらの中から、同一地域内における遠隔研修の2例を紹介する。

① **合同校内研修**

　繰り返し述べてきたように、町内に2つの中学校区があり、両校区間は車で約40分かかるため、町内の全教員が集まって授業研究会や合同研修会を開催するには午前授業にするなどの措置が必要で、授業時数減を避けがたい。

　そのため、例えば5校時目に遠隔合同授業の研究授業を実施した場合、授業終了後に児童生徒を下校させ、20分後から全校をテレビ会議でつなぎ、合同研修を実施する。そこでは、両校の授業者の説明や自己評価、質疑応答、グループ協議や全体発表など、普段の自校のみの研究授業と変わらないような研修会になる。

　また、年に数回行われる外部有識者の訪問指導も1校区のみになることが多いが、その際にもテレビ会議で結び合同校内研修を実施し、指導内容の共有を図っている。

② **中学校教科での合同研修**

　小規模校は教員数が少なく、教員間の相談や協力が行われにくいと

いった特有の課題を抱えている。そのため、遠隔合同授業の有無にかかわらず同学年の教員どうしや専門教科担当者間で、電話やメール等でのやりとりするのはもちろんのこと、模擬授業等でのテレビ会議の活用により指導力の向上を図っている。

また、中学校においては免許外の教科を担当せざるを得ない教員が出ることも多い。そのため、専門教員による遠隔合同授業の試みについては前述したが、テレビ会議を活用して定期的に町内の美術専門教員から各題材に対する指導法や作品の評価について指導助言を受けるなど、専門外教員の指導力向上に努めている。

そして、佐藤教育長は繰り返し発信し続けている。「高森の子どもたちの学力が向上したのはICTを活用しているからではない。ICTの導入を契機として、教職員の意識が変わり、授業が改善されたからだ。さらなる研修の充実が大切だ。」と。

6　高森町の実践から学ぶべきこと

高森町による取組みの最大の特色は、目標達成のための明確な戦略を持ち、その戦略に即して情報を収集し知恵を絞りながら、教育のセオリー（あるい本流）を大切にしつつ、徹底（中途半端ではなく）した取組みで成果を上げ、その成果が次の有利な環境（人・もの・金）づくりにつながる、という好循環を生み続けていることだと考える。

すなわち、同町における最大の教育課題である児童生徒数が減少し続ける山間地の学校を存続させ、地区間の教育格差を是正しつつ町全体の教育の質を向上させることを目指して策定した新教育プランに掲げた戦略は、異例なほどに明確だ。

取組みは教育委員会だけではなく、町長部局と町議会、そして地域住民ぐるみの「町をあげて」。実際にことを進めるにあたっては、「風に乗る（社会の動きを読み、その動きをしっかり捉え、それに乗る）」。そし

事例❻ 統廃合せず存続させることを目指す事例 ―その3―／熊本県阿蘇郡高森町

て、風を体した「国や県の動向（施策）をしっかり見据え、その施策に乗り（活用）、町の具体策を推進する」ということである。

　さらに言えば、町が乗った国・県の施策は公募式で自己負担ゼロの委託研究事業である。高森町が教員や事務職員加配の付いたコミュニティ・スクール関連をはじめ、英語教育やICT関連など町にとってプラス効果が極めて大きい委託研究事業をめぐる競争に勝ち続けているのは、豊富な実践と充実した研修により鍛え上げられた教職員の力（企画力・実践力等）に負うところが大きいことは申すまでもないだろう。

【参考文献・資料】

1　「震災対応を通じて考える地域とともにある学校づくりフォーラム」（文部科学省初等中等教育局参事官　2012年2月）
2　「高森町公共施設等総合管理計画」（高森町　2016年3月）
3　「先生のやる気が何よりの強み！〜熊本県高森町教育委員会ICT推進事業の取組み（前編・後編）〜【case study】」（佐藤教育長へのインタビュー。「DIS教育ICT総合サイト」2016年3月）
4　「人口減少社会におけるICTの活用による教育の質の維持向上に係る実証事業　遠隔学習導入ガイドブック2016　第1版」（株式会社内田洋行 教育総合研究所　2016年3月）
5　「平成29年度学校経営案」（高森東学園義務教育学校　2017年）
6　リーフレット「『夢』と『高森の心』を育み、挑戦し続ける学校　高森東学園義務教育学校」（2017年4月）
7　「平成29年度文部科学省委託事業　人口減少社会におけるICTの活用による教育の質の維持向上に係る実証事業　平成29年度高森町研究発表会研究紀要」（高森町　2017年）
8　「小中連携の最先端をのぞいてみよう」（「スターティングアウト」第4号2017年秋号　東京書籍　4〜7頁）
9　研究紀要「国際社会を生きる人材を育成するための小中高一貫英語教育の在り方〜英語の「生活化」をめざしたカリキュラムの開発〜」（高森町　2017年）
10　「高森町発信！ICTを活用した遠隔合同授業実践ガイド」（高森町教育委員会

2017年12月）
11 「熊本県高森町の教育改革　高森町新教育プラン」（町教育委員会　2018年1月）
12 「人口減少社会におけるICTの活用による教育の質の維持向上に係る実証事業 遠隔学習導入ガイドブック 第2版」（株式会社内田洋行 教育総合研究所　2018年3月）
13 「平成30年度学校経営案」（高森東学園義務教育学校　2018年6月）

事例7 統廃合せず存続させることを目指す事例 ―その4―/愛媛県新居浜市

統廃合せず存続させることを目指す事例
―その4―

愛媛県新居浜市
～英数に特化した少人数制の教育課程により学区外からの入学者獲得で中学校存続を目指す試み～

《ワンポイント・ガイド》

　新居浜市は我が国の代表的な企業グループの1つである住友グループ発祥の地であり、さらにそのきっかけとなったのが合併前の旧別子山村で1691（元禄4）年に開坑された別子銅山であった。同村は明治の最盛期に、1万人を超える鉱山関係者が居住し、松山市に次ぐ県内2番目の人口を有した。

　しかし、同村は採鉱の中心地が隣接する新居浜市の山中に移ると、あっという間に衰退し、新居浜市に編入合併された2003（平成15）年には人口が300人を割り込むまでになっていた。

　合併後も別子山地区の人口減少と少子化はとまらず、同地区にある別子中学校は二度も休校と再開を繰り返すほどだったが、地区住民の学校存続と地域振興への想いは強く、その対策を市に強く求めた。

　本事例は、市が同地区住民の願いを真正面から受け止め、全寮制と英語及び理数科に特化したカリキュラム等による魅力ある学校づくりで、市内全域から入学者を募集し、極小規模だが地域の核である中学校を存続させ、地域振興に結びつけようと挑戦している興味深い取組みである。

1　新居浜市の概要

　新居浜市は、四国の中北部に位置し、東は四国中央市、西は西条市と接している。北は瀬戸内海の燧灘に面し、南は四国山地をはさんで高知県吾川郡いの町、土佐郡大川村に接する。

　後述する1691（元禄4）年に開坑した別子銅山の発展と住友グループの事業拡大に伴って繁栄し、沿岸地帯は工場群が帯状に形成され四国屈指の臨海工業都市となっている。

　現在、「―あかがねのまち、笑顔輝く―　産業・環境共生都市」を目

指す都市像とし、魅力あるまちづくりに取り組んでいる。

しかし、人口は減少傾向がとまらず、2018（平成30）年4月1日現在で12万351人（推計）である。

新居浜市の沿革をたどると、1889（明治22）年の町村制施行により新居浜村が誕生し、1908（明治41）年に新居浜町となった。1937（昭和12）年11月、新居郡新居浜町を中心に、金子村、高津村が合併して市制施行し、人口は3万2,254人となった。1953（昭和28）年5月には、新居郡の垣生村など4か村と合併し、人口は7万3,671人となった。1955（昭和30）年3月、新居郡の4か町村を編入して、人口は10万1,870人に拡大。1959（昭和34）年4月、新居郡角野町を編入し、新居郡が消滅。同市の人口は12万863人となった。

さらに、2003（平成15）年4月1日、新居浜市発展の基礎である別子銅山を通じて長年にわたり深い関係にあった隣接の宇摩郡別子山村からの合併申し入れを受けて編入し、人口12万7,982人となった。

2　旧別子山村と別子銅山の概要

本事例は、前述したとおり新居浜市に編入合併した旧別子山村にある学校に関わる取組みで、当然のことながら旧村とは深い関係がある。そのため、旧別子山村とその発展の基礎であった別子銅山の沿革等を整理しておくことにする。

旧別子山村は赤石山系をはじめとする千数百メートル級の四国山地の山々に囲まれ、吉野川の支流の1つである銅山川の上流域にある山村だった。前述した新居浜市との合併時には、新居浜市のほか、伊予三島市・宇摩郡土居町（現・四国中央市）、高知県土佐郡大川村、同郡本川村（現・吾川郡いの町）に接していた。

同村の歴史をたどると、山中にひっそりと存在するような村が、1690（元禄3）年の別子銅山の発見、翌1691年の別子銅山（足谷銅山）開業により急速な発展を遂げ、明治の最盛期には県内で松山市に次ぐ約

1万2,000人もの人口を有する町となった。

しかし、採鉱の中心地が別子山村から隣接する新居浜市の山中にある東平（とうなる）に移ると、同村はあっという間に衰退し、新居浜市と合併した時の人口は僅かに277人まで減少していた。

なお、この間、別子銅山は一貫して住友家が経営し、関連事業を興すことで発展を続け、住友が日本を代表する巨大財閥となる礎となった。

3 村立別子中学校から新居浜市立別子中学校へ

「新居浜市立別子小・中学校沿革史」によれば、現市立別子中学校の前身である別子山村立別子中学校は、1947（昭和22）年に創設され、当時の生徒数は49人であった。その後、生徒数が1961（昭和36）年には134人まで増加したが、1966（昭和41）年には100人と減少。さらに、1973（昭和48）年の別子銅山閉山を経て、別子小学校開校100年記念式典が行われた1978（昭和53）年には中学校の生徒数が20人となった。

同中学校は2003（平成15）年の新居浜市との合併に伴い、新居浜市立別子中学校と改称されたが、生徒数の減少はとまることなく進行し、2008（平成20）年には生徒数ゼロで休校。翌年再開したが、2013（平成25）年に再び休校、翌年再開となった。

このような状況が続く中で、当然のことながら市教育委員会を中心に同校の今後について統廃合を含む様々な検討が行われた。この間、同校区の住民は一貫して、中学校の存続と活性化を核とした地域振興策を強く求めたという。

市教育委員会は校区住民の強い要望に応え、この数年は人口150人前後で推移している別子山地区にある、小学生2人、中学生2人しかいない中学校の存続を決定した。

こうした決定の背景として、近年は近代化産業遺産として世界遺産登録を目指す動きがある別子銅山と、世界有数の大企業に成長した住友グ

ループ発祥の地である別子山地域を崩壊させてはならない、との考えを持つ多くの市民の存在があった。

また、前述した合併論議の中で、一時期は日常生活面で結びつきが強い伊予三島市・宇摩郡土居町（現・四国中央市）との合併論が高まったものの、最終的には別子銅山を介した数十年に及ぶ関係の濃さを重視し、村議会の全会一致で新居浜市との編入合併を決定した旧別子山村の人々に対する感謝の想いの表れとの声もあった。

こうした背景論の当否はともかく、様々な異論もあり得るだろう教育委員会の決定に、市議会でも反対論が高まることはなかったという。

4 「別子中学校 学び創生事業」の主な内容

市教育委員会が別子中学校を存続させる具体的な方策として、2016（平成28）年度から取り組み始めたのが「別子中学校 学び創生事業」（以下、「学び創生事業」）である。

学び創生事業は要するに、市街地の中心部から約35キロ（車での通学所要時間約60分）ある市立別子中学校で学ぶ生徒を、市内全域から募集し、英語・数学・理科を特に重視した教育課程による教育を行うことで、中学校の存続を目指すものである。以下に、その主な内容について述べる。

(1) 学び創生事業の趣旨及び主たる内容

別子中学校は、2004（平成16）年度から、特色ある教育環境の小規模校で学びたい子どもたちが、一定の条件の下で、通学区域外の市内のどこからでも入学や転学できる制度である「小規模特認校制度」を導入してきたが、児童生徒数の減少が続き、廃校への危機的な状況にある。一方で、地元からは中学校の存続と地域振興に対する強い要望がある。そのため、地域コミュニティの核となる魅力ある学校づくりに取り組むことにより、学校を拠点として別子山地域の活性化を目指している。

事業の主な内容は、「グローバル・ジュニア・ハイスクール」と銘打ち、グローバルな時代を生き抜くしなやかさとたくましさを持った人材を育てることを目的に、少人数学習による英語や理数科の学力充実とICTの積極的な活用、多様なESD（持続発展教育）活動の推進など、地域の活性化と結びつけた新しいスタイルの学校環境の整備を進めている。

また、生徒の片道1時間余りのバス通学の負担軽減と、より良い教育環境の整備を図るため、寄宿舎の整備を進めた。

(2) 学び創生事業の年次別取組み

事業の年次別取組みの概要は、以下のとおりである。

【2016（平成28）年度】

ア　豊かな人間性と世界的な視野を持つリーダーを育成するため、新居浜市内から生徒を募集。28人の応募があり、市独自に実施している学力テストの結果などを参考にしながら、第1期生として5人を選考。通学バスを利用して別子中学校へ通学。

イ　ICT、デジタル教材の使用による最先端の教育環境の整備。電子黒板を導入するとともに、全生徒にタブレット端末を貸与した。

ウ　放課後の時間を活用し、英検受験対策など英語教育の充実を図る。9月からALT（外国語指導助手）が常駐。卒業時まで、高校レベルの英検2級・準2級取得も目指す。

エ　旧別子登山、魚つかみ大会、運動会、星空観察など地域行事への参加。

【2017（平成29）年度】

ア　豊かな人間性と世界的な視野を持つリーダーを育成するため、新居浜市内から生徒を募集。16人が応募。第2期生として5人を選考。1、2年生合わせて10人がバスを利用して通学。

イ　アクティブ・ラーニングによる学びの充実。

ウ　7限目の活用により卒業時の英検2級の取得を目指して、英語教

育を推進。
エ　地域との協働による多様なESD活動を推進。
「学校・地域文化の継承」「自然から学ぶ」をテーマとして活動。実際には、学校に伝わる伝統文化「別子太鼓」を復活させ文化祭で演奏したり、別子にしかない動植物や風景を発見し、地域に向けて発信するなどの活動を展開。
オ　バス通学の負担軽減のために、寄宿舎の整備を進めるなど、教育環境の充実を図る。

【2018（平成30）年度】
ア　2017年度中に完成した寄宿舎「立志寮」の運営を開始し、全寮制によるグローバル・ジュニア・ハイスクールの学校運営を進める。
イ　新居浜市内から生徒を募集。36人が応募し、5人を選考した。
ウ　生徒が地域住民として貢献できる場の拡大を目指す。
エ　地域住民が学校の経営に関与するコミュニティ・スクール導入を目指す。

(3) 学び創生事業のうち特に注目される取組み

学び創生事業の大要を年次別で前述したが、その中でも特に注目される2つの取組みについて、改めて少し詳しく説明することにしたい。

①　英・数理に特化した教育課程の編成

少人数対象の徹底した指導による英語と数学・理科の学力向上は、別子中学校を魅力あるものとし、学区外からの入学者を集めることによる学校存続策の根幹ともいうべきものであろう。その具体的な手立ての1つが、これら3教科の授業時数を国が示す標準を大きく上回るような教育課程を編成していることである。すなわち、第4表に見られるとおり、寄宿舎の利用開始を前提とした2018（平成30）年度の教育課程表では、

事例7 統廃合せず存続させることを目指す事例 —その4—／愛媛県新居浜市

年間を通じて週当たり授業時数を32時間とバランスのとれた計画にしつつ、各学年とも数学・理科と英語の授業時数を次のとおり増加し、基礎学力の定着と応用力の伸長を目指している。

> ○1年生　数学：17時間増　理科：18時間増　英語：60時間増
> 　　　　総合：10時間増
> 　　　　合計：105時間増
> ○2年生　数学：18時間増　理科：18時間増　英語：70時間増
> 　　　　合計：105時間増
> ○3年生　数学：18時間増　理科：18時間増　英語：70時間増
> 　　　　合計：105時間増

第4表　2018（平成30）年度別子中学校教育課程表

		国語	社会	数学	理科	音楽	美術	保体	技・家	英語	道徳	特活	総合	計
1年生	年間平均	4	3	4.5	3.5	1.3	1.3	3	2	5.7	1	1	1.7	32
	A期間（10週）	4	3	4.5	3.5	2	2	3	2	5	1	1	1	32
	B期間（25週）	4	3	4.5	3.5	1	1	3	2	6	1	1	2	32
	計	140	105	157	122.5	45	45	105	70	200	35	35	60	1120

		国語	社会	数学	理科	音楽	美術	保体	技・家	英語	道徳	特活	総合	計
2年生	年間平均	4	3	3.5	4.5	1	1	3	2	6	1	1	2	32
	計	140	105	123	157	35	35	105	70	210	35	35	70	1120

		国語	社会	数学	理科	音楽	美術	保体	技・家	英語	道徳	特活	総合	計
3年生	年間平均	3	4	4.5	4.5	1	1	3	1	6	1	1	2	32
	計	105	140	158	157	35	35	105	35	210	35	35	70	1120

（新居浜市教育委員会作成・提供）

② 寄宿舎「立志寮」建設による全寮制教育

寄宿舎建設により、片道約1時間かけて通学する生徒の負担軽減や通学の安全確保などで教育環境の向上を図るとともに、学校を存続させることによって、過疎化が進行し厳しい状況にある別子山地区の復活再生への期待を込めた取組みである。

DBO（公共が資金を調達し、施設の設計・建設、運営を民間業者に包括的に委託する）方式で実施された本寄宿舎整備運営事業は、新居浜市に縁の深い住友グループの住友林業が契約金額2億7,000万円で設計・施工を担当し、運営・維持管理（調理業務、清掃業務、建築設備等法定点検業務など）は年額2,700万円で大阪市に本社を置く事業者に業務委託された。

2018（平成30）年3月に完成した寄宿舎「立志寮」は、木造軸組工法の2階建で、地域産のヒノキがふんだんに使われている。玄関ホールには別子山にある（株）住友林業社有林の樹齢100年のヒノキを加工した化粧丸太の柱が設置された。この玄関ホールに接した1階中央部には、食堂、多目的室、談話室があり、生徒たちにとってリビングになるものとして設計されたという。2階は思春期のプライバシーに配慮して生徒たちの個室18室（1室約10.1平方メートル）が配置された。

寄宿舎の利用料は月額5万円である。寄宿舎での食事は、栄養士の管理のもと、バランスのとれた食事が朝・昼・晩の3食提供される。

生徒たちは毎週金曜日の午後に帰宅し、日曜日の夕方には寄宿舎に戻るという生活を続けている。

5 学び創生事業の成果と今後の課題

学び創生事業は2018年度に3年目を迎えた。別子中学校にとって全学年がそろったことは十数年ぶりだという。また、学校行事をはじめとする様々な教育活動は、地域住民の熱い支援活動を受けて行われている。

この間における取組みについて、第1期生は2016・2017年度の学力

標準調査で学級平均の偏差値が伸びていることや、実用英語技能検定では中学2年生の学年末までに全員が準2級を取得するなど、大きな成果を上げていると評価する関係者もいる。また、校舎に同居する小学生へも好影響を与えているとの評価もある。

しかし、事業は始まったばかりであり、少なくとも学力面での評価は、もう少し時間をかけて見る必要があると思われる。また、同校がへき地3級指定の学校であるため、取組みの担い手である教職員の人事異動のサイクルが他校より早く、学び創生事業の理念等を教職員がいかに引き継ぎ定着させていくかは、取組みの成否にも関わる根本的な課題だ、との指摘も極めて重要であろう。

6 この取組みから学ぶべきこと

新居浜市の実践は本書で取り上げた事例の中で、最も厳しい状況下における文字通りのチャレンジかもしれない。

すなわち、学区の住民は150人前後で、減少傾向が明確であり、しかも高齢化率も際だっている。そして、存続させようとする中学校が数年間にわたって全学年そろうことは珍しく、小学校の児童数からすれば今後の生徒数増加も見込めない。

こうした厳し過ぎる状況下で、「地域の核である学校を存続させ、歴史のある地域を振興したい」という地域住民の痛切な願いを、真正面から受け止めて取り組んでいるのが本事例である。

その取組みの内容は、文部科学省から教育課程特例校の認可を得て英語と理・数科重視の特色ある学習内容とすることで魅力ある学校づくりをし、一方では過疎債を活用して巨費をつぎ込んだ寄宿舎新築により通学の負担を軽減することで、市内の他地区から生徒を募集し、限界集落の中学校存続と地域振興を目指すものである。

これまで全国各地で多くあった「統廃合反対」運動ではなく、様々な理由による「存続反対」運動が起こる可能性さえある事例とも思われる。

しかし、少なくとも現時点では、市議会や市民の間で反対論が高まっている兆候はなさそうだ。

　市政及び市教育委員会に関わる人々、そして幅広い市民の、地域における核である学校やふるさとを愛し守り続けることに対する深い理解と高い志の大切さを改めて考えさせられる事例だと思われる。

【参考文献・資料】

1　「平成29年度　学校経営計画」（新居浜市立別子小学校・同中学校　2017年）
2　「別子中学校寄宿舎『立志寮』日課表・寮則」（新居浜市教育委員会　2018年4月）
3　「平成27年度　文部科学省　『四国におけるグローバル人材の育成に向けたESD地域モデル推進事業』活動報告書」（新居浜市教育委員会　2016年3月）
4　リーフレット「ふるさとを愛し　未来を拓く子　あいさつ日本一の新居浜市　ユネスコスクールから発信するESD」（新居浜市教育委員会　2016年3月）
5　リーフレット「平成29年度別子中学校生徒募集案内　君の夢を未来につなぐグローバル・ジュニア・ハイスクール」（新居浜市教育委員会　2016年）
6　リーフレット「平成30年度別子中学校生徒募集案内　君の夢を未来につなぐグローバル・ジュニア・ハイスクール」（新居浜市教育委員会　2017年）

事例8 統廃合できない学校による取組み事例
― その1 ―

徳島県阿南市
~県と鳴門教育大の共同研究を生かし、ICTの利用による分散型小中一貫教育を進める取組み~

《ワンポイント・ガイド》

　徳島県の人口は、2010（平成22）年に約78万8,000人だったが、2035年には約62万2,000人になると推計されている。これは年少人口の減少に直結するため、学校教育への影響は深刻である。

　このような厳しい状況の中で同県教育委員会は、現行の学校教育のシステムのままでは、かなりの数の学校統廃合が不可避となり、児童生徒の通学の長時間化など新たな課題が生ずるとの認識を持つに至った。こうした課題解決に向け、同県教育委員会は今後の人口減少社会に対応した学校教育のあり方について鳴門教育大学と共同研究を行い、2つのモデルを提案した。

　本事例は、交通事情などから統廃合不可能と思われる学校がある同県阿南市立椿町中学校区が、これらモデルのうちの1つ「分散型小中一貫教育（チェーンスクール）」に取り組むものである。

1　阿南市及び椿町地区の状況

　阿南市は徳島県東部の中央海岸線に位置し、東は紀伊水道、南は太平洋に臨み、北は小松島市、勝浦町に隣接している。西は四国山系の東端に連なる山地と沖積平野からなっている。

　1954（昭和29）年から1958（昭和33）年にかけて12町村による合併・編入が行われた。2006（平成18）年3月には、那賀川町、羽ノ浦町を編入し、現在の市域が形成された。

　古くから城下町であった富岡町周辺には中心市街地が、また、阿波3港の1つとして栄えてきた橘港を擁する橘町には、副都心的市街地がそれぞれ形成されている。さらに臨海部は、古代から漁業の根拠地であっ

たが、今日では工業開発の拠点として、また海洋レクリエーション地帯として脚光を浴びるようになっている。

人口は、7万1,806人（2017年5月推計）である。

阿南市立椿小、椿泊小、椿町中学校が立地する椿町中学校区も少子化の影響を強く受けている。すなわち、同校区の児童生徒数は1998（平成10）年の206人が、2008（平成20）年には102人となり、2016（平成28）年には48人まで減少した。

しかし、この地区は近隣の学校から山を隔て、トンネルを抜けた遠隔地に位置している。しかも椿泊小は紀伊水道に突き出た岬の突端にあり、曲がりくねった狭隘な道路で軽自動車がやっと通れるような道幅のため、スクールバス等による現校区外への通学は困難である。また、椿小学校と椿町中学校も近隣の学校からは山を隔て、トンネルを抜けた遠隔地にあり、統合は不可能な状況である。

2 徳島モデル提案の背景と経過

我が国における急速な人口減少は、当然のことながら徳島県も例外ではあり得ない。同県の人口は、2010（平成22）年に約78万8,000人だったが、2035年には約62万2,000人になると推計されている。この数値は全国平均の2倍を超える速度で人口減少が進むということであり、もちろん、これは年少人口の減少に直結する。

すなわち、同県内の小・中学生数は2004（平成16）年の6万8,419人が、2014（平成26）年5月1日時点で5万8,361人となり、1万人以上減少するという厳しい結果が予測された。

そして、この10年間で小学校数は大きく減少し、かなりの中学校も減った。残った学校も1学年1学級以下が増え、統廃合の対象となった。

このような厳しい状況の中で徳島県教育委員会は、現行の学校教育のシステムのままでは、かなりの数の学校統廃合が避けられない状況となり、児童生徒の通学の長時間化や地域コミュニティの崩壊など新たな課

題が生ずるとの認識を持つに至った。

　同県教委は、こうした課題解決に向け「小規模校の維持・存続と教育の質の保証」、「少人数のメリットを最大限に生かした教育環境の充実」等を目的とした、徳島県における今後の人口減少社会に対応した学校教育のあり方について鳴門教育大学と共同研究を行い、2013（平成25）年3月14日に「徳島県における今後の人口減少社会に対応した教育の在り方研究（最終報告書）」（以下、「報告書」）がまとめられた。

　報告書では、「分散型小中一貫教育（チェーンスクール）」、「一体型小中一貫教育（パッケージスクール）」という新しい学校教育のかたちが「徳島モデル」として提案された。

　ここでは、チェーンスクールに取り組んでいる阿南市立椿町中学校区の取組みを中心に述べ、補足的に牟岐町のパッケージスクールへの取組みについても紹介する。

(1)　徳島モデルの提案～2つの形～

　報告書で「新しい学校のかたち」として提案された「チェーンスクール」と「パッケージスクール」の意義等は、次のとおりである。

①「チェーンスクール」

　報告書では、「小規模校を維持しつつ、複数の小規模校をチェーン（連鎖・系列網）で結ぶスケールメリット（経済・経営等において、同種のものが集まり規模が大きくなることによって得られる効果・利点を指す）を活かし、各学校の人的・物的資源を相互に活用しながら多様な学びを保障する、経済効率性と教育多様性を同時に追求した学校間連携の考え方に基づく学校である」（同報告書25頁）と説明されている。

　報告書は、さらに「チェーンスクールはセンター校1校とサテライト校複数校を連合体化し、小規模校化した学校を維持しつつ、学校の人的・物的資源を相互に活用しながら多様な学びを保障する学校形態である」

（同報告書27頁）と述べている。

　そのうえで、チェーンスクールとして複数校を連合体化する制度について、次のようないくつかのタイプが考えられるとする。
　ア　一定のエリア内の同一校種の複数校を連合体化する形態
　　　学校制度の大きな変更を伴わず、学校教育法等で定められている現行の分校制度の活用により実現可能。
　イ　小中連携・一貫教育の考え方に基づき、小学校と中学校を含む複数校を連合体化するタイプ
　　　このタイプも大枠として現行の学校制度活用で実現可能。
　ウ　9年制の義務教育学校を設置し、小規模の義務教育学校を連合体化するタイプ
　　　同報告書では、このタイプの実現のためには義務教育6-3制の見直しによる新たな校種の設置等となるため関係法令の改正が必要だと指摘していた。しかしこの点に関しては、2016（平成28）年4月1日施行の学校教育法改正により、大筋で問題が解消された。

② 「パッケージスクール」

　報告書では「ワンストップソリューション（またはワンストップサービス。企業では1か所の窓口で一度に、必要な製品や手続きに関する解決策やサービスを提供するシステムを指す。行政機関では、住民の利便性を重視し、様々な手続きを一度に行えるサービスを指す）の観点から、一定のエリア内における幼稚園・社会福祉施設・社会教育施設などを学校と併設して、それぞれが担うサービスを一体化し、相互交流を通じてそれぞれの機能を高める学校形態」（同報告書32～33頁）と説明している。

　報告書はさらに、パッケージスクールにおける学校と福祉施設、社会教育施設、幼稚園等との一体化の意義についても詳しく論じている（同報告書34～38頁）。

(2) 県教委による「徳島モデル」の具体化を目指す取組み
―調査研究事業―

　徳島県教育委員会は報告書の提案をもとにして、2013（平成25）年度から文部科学省の「小中一貫教育校による多様な教育システムの調査研究事業」の指定を受け、2014年度までの2年間、「チェーンスクール」のモデルとして阿南市立椿町中学校区、「パッケージスクール」のモデルとして牟岐町立牟岐中学校区を調査研究地域として、「小中一貫教育『徳島モデル』調査研究事業」を行った。

　その後、同県は2015（平成27）年度から「チェーンスクール」のモデルを椿町中学校区を含む5地域に、2016（平成28）年度からは「パッケージスクール」のモデルを2地域にそれぞれ拡大して取り組んでいる。

3　阿南市立椿町中学校区による取組み ―チェーンスクール―

(1) 阿南市のチェーンスクール

　前述した地域事情の中で、統廃合ではなく学校間ネットワークの構築・強化により、極小規模ながらも子どもたちの教育の場であるとともに、地域コミュニティの拠点でもある2小学校・1中学校を存続させ、そこで行われる教育の質を保障しようとするのがチェーンスクールへの取組みである。

① 主な取組みの内容

　阿南市立椿町中学校区における取組みの全体像は、第8図に示すとおりである。

　3校の校長による校長部会を中心に機能的な推進体制を整備し、小規模校の利点を生かしながら、実に様々な取組みを行っている。

　そうした取組みのうち、主な内容について、その目的別で次の4つに分類して紹介することにしたい。

第8図　椿町中学校区におけるチェーンスクールへの取組みの全体像

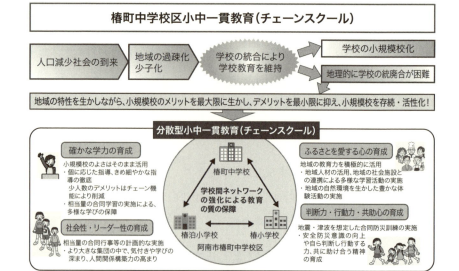

（阿南市立椿町中学校作成・提供）

ア　確かな学力の育成

○合同学習

　小学生どうし、小中学生が共に学ぶ合同学習を実施している。普段と違い学習集団が大きくなり多様な形態での授業が可能になることで学習活動が活性化し、学びの広がりや深まりにつながることが期待されている。

　また、小学生にとっては合同学習により中学生や中学校教員と接する機会が増え、いわゆる「中1ギャップ」が生ずることを予防する効果が期待される。

○出前授業

　教科の専門性を生かし、中学校教員が小学生に授業をする出前授

業を、理科や算数、音楽、外国語活動等で実施している。
　この取組みにより、小学生にとっては専門的な学びを得られる機会となる。一方で、教員には椿町中学校区の義務教育9年間を担うとの意識の高まりや児童理解の深まりをもたらし、小・中のつながりを意識した取組みの推進につながっているという。
　なお、こうした取組みを契機として、小・中の教員がそれぞれの学習内容を相互に理解し合えるよう、異なる校種の全教科の教科書と学習指導要領を各校に配置し、いつでも気軽に見ることができるようにしている。

○テレビ会議システム活用による授業

　前述した3校間の距離と移動に要する時間は、合同学習や出前授業を実施する際の大きな障害となる。そのため、テレビ会議システムを活用した合同学習や出前授業を積極的に実施している。このことにより、児童生徒は各校に居ながらにして少し大きな集団での学びの機会が増え、多くの意見や考え方に接する機会が得られる学習が可能になっている。

イ　社会性・リーダー性の育成

○小中合同体力テスト

　椿町中学校に椿小学校と椿泊小学校の児童が集まり、中学校の広いグラウンドや体育館を使用して合同で体力テストを行う。
　小中学生混合の縦割り班をつくり体力テストを行うことを通じて、中学生のリーダー性を育成するとともに、異年齢集団での交流による社会性の育成を目指して実施している。

○阿南YMCA外国人研修生との交流会

　夏期、地域内にあるYMCA阿南国際交流センターに滞在する外国人研修生との交流を小中合同で行うことを通じて、海外への視野が開かれた人材づくりのきっかけにすることを目指して取り組んでいる。小学生の外国人との会話を中学生がサポートする光景も見ら

れるという。
○椿・椿泊町合同運動会
　保育園児から高齢者まで、文字通り地域が一体となって毎年9月に実施している。その準備や運営の多くの役割を小中学生が担い、地域の人々との関わりの中で社会性を育むことを目指している。また、地域の方のお囃子にあわせて小中学生が地域の方と一緒になって踊る「阿波踊り」を通して、地域との一体感も育んでいる。
○椿支部人権教育研究大会
　地域全体の人権意識の高揚を図るため、保護者や地域の人々も参加して公民館で実施する。小中学生が人権を題材とした演劇や歌など様々な発表を行う。小中学生が作った人権ポスターや人権標語の展示も行う。こうした活動に取り組むことを通じて、社会の一員としての自覚を高めることを目指している。
ウ　ふるさとを愛する心の育成
○ウミガメ学習
　地域内の蒲生田海岸に上陸して産卵するウミガメに詳しい方を講師として招き、ウミガメの生態や保護活動について小中学生が一緒に学び、郷土の自然のすばらしさを再発見する機会とするとともに、郷土の自然を大切にする心を育てることを目指している。
○ひらめの稚魚放流
　椿泊湾には様々な魚や貝などが生息している、そうした地域の環境を生かし、椿小学校と椿泊小学校の児童はひらめの稚魚放流を通じて、豊かなふるさとの海を守り、ふるさとを愛する心を育てるための活動を行っている。放流の際には、漁協関係者から魚の生態や海の環境保護について学んでいる。
○コメ作り体験
　地域の方の協力を得て、椿小学校と椿泊小学校が合同でコメ作り体験をする。小学生は昔ながらの道具を使った田植えや稲刈りの体

験を通して、米生産者の苦労を学ぶ。また、刈り取ったもち米は小学生が学校で調理して食べる。食育と結びつけ、食べ物を大切にする心を育てている。

○ふるさと学習など

　様々な知識や豊かな経験を有する地域の方々（「地域の先生」）の協力を得て、地域の歴史や文化、伝統について学ぶ「ふるさと学習」を行う。また、学校の教室ではできない体験学習などにも積極的に取り組んでいる。このような取組みを通じて、自分たちの住んでいるふるさとについて理解を深め、ふるさとを誇り愛する心を育てることを目指している。

○地域のイメージソングの作成

　小中学生が地域のすばらしいところや、地域の未来への夢をもとにイメージソングを作成し、合同行事の際には全員で合唱するなど、歌を通じて地域への帰属感を強めている。地域おこしの店でもこの歌が日々流されるなど、広く住民にも親しまれるようになった。

エ　判断力・行動力・共助心の育成

○合同福祉体験

　椿小学校と椿泊小学校の児童が合同で福祉体験学習を行う。日本赤十字社の職員を講師として迎え、高齢者・車いす・アイマスクなどの疑似体験をしながら介助の基本などについて学ぶ。こうした体験を通じて障害を有する人々の苦労に気づき、支援の方法などについて考え、相手の立場を理解して行動できる実行力を養成しようとしている。

○ふれあい防災オリエンテーリング

　小中学生と保護者が参加し、毎年コースを変えて実施。避難場所の確認をしたり、クイズを解きながら防災意識を高めたりしている。平成29年度は、起震車に小中学生が共に乗り込み、揺れを体験することも取り入れるなど、活動に変化を持たせている。

○小中合同防災学習

　チェーンスクールの特徴の1つに人材の相互活用がある。中学校に、東日本大震災の際に災害派遣団の一員としてボランティアに参加した職員がいることを生かし、その体験からの学びを小中学生で共有し、小中学校の防災意識の向上を図る取組みを行っている。

　これまで見てきた取組みの実際から特に強く印象づけられることは、小中合わせた3校とも児童生徒数が少なく、学区内の地域住民も決して多くはない。けれども、そうした問題が多いと思われるような教育環境を克服すべく、小学生どうし、あるいは小中学生が一緒に、さらには小中学生と保護者・地域住民との交流機会づくりを積極的に行うなど、懸命に努力している姿である。

② テレビ会議システムの幅広い活用に関する取組み

　前述したテレビ会議システムの活用は、椿町中学校区における取組みの中で極めて重要な位置を占めると思われるので、やや詳細に紹介することにする。

○合同学習と出前授業

　前述した通常実施している合同学習や出前授業に加え、テレビ会議システムを活用した合同授業や出前授業を実施している。

　主たる取組みとしては、中学校の英語教員による2つの小学校の児童を対象とした外国語活動の出前授業や、中学校教員による保健の授業を実施。また、少人数のため学びの広がりや深まりが少なくなりがちだというデメリットを少なくするため、小学校2校間での合同授業（国語・算数・道徳など）を実施することで、やや大きな学習集団での学びの機会をつくった。さらに、算数の合同学習では小中一貫した取組みを推進するため、中学校教員がT2として授業に参加し個別指導をするなどした。

事例8 統廃合できない学校による取組み事例―その1―／**徳島県阿南市**

　このような取組みを通じて、テレビ会議システムの利点や留意すべき点が明らかになった。
　同中学校区が徳島県教育委員会に提出した「事業実施報告書」等によれば、〈メリット〉としては、テレビ画面を通しての授業が児童生徒の学習に対する興味を喚起し、学習に意欲的に取り組む姿勢が見られるようになったこと、より大きな集団での学びが可能になったことで多様な意見や考え方に触れることができるようになったため、学びに広がりと深みが加わったことだという。
　一方、〈留意すべき点〉としてあげられていることは、音声が聞き取りにくい場合があること、1台しかない固定カメラを教員に向けるのか、生徒に向けるのか、あるいは黒板に向けるのか等について事前のきめ細かな検討が必要、それに関連して黒板や机の位置、生徒の座る場所や教師の立ち位置等、どちらかといえば技術的ともいうべき事項の検討が必要なことである。
　また、他校の児童生徒が理解しやすいよう、板書画面の拡大やレイアウトの変更等を適時に行うためには、授業者の他にそうした役割をする人がいることが望ましいことも指摘している。
○児童生徒の交流の促進
　合同学習等の他に、3校の児童生徒による定期的な交流の機会を多くつくるため、朝の会等の時間を活用し、テレビ会議システムによる児童生徒の交流機会をつくっている。これまでは、交流機会が少なかったため、交流の際に「久しぶりに会った」という感じで打ち解けるまで時間がかかった。
　しかし、テレビ会議システムの活用により交流機会が増えてからは、ごく自然な雰囲気で交流できるようになり、人間関係の広がりや深まりが感じられるようになったという。
○テレビ会議システム活用による教職員間連携の推進
　教職員間の意思疎通を図り連携を推進するためには、打ち合わせ

や会議等の回数が増えがちになることは避けがたい。しかも、3校間でとなれば、教員がどこかの学校へ移動して行われることになり、その負担は一層大きくなる。これが、テレビ会議システムの活用により、移動時間が必要なく打ち合わせや会議等が開催できるようになり、校務の効率化や削減が図られることになったと評価されている。

○テレビ会議システム活用の前提である教職員の能力向上対策

　ICTを活用すれば、その効果が十分あるとしても、各校ともICT活用に堪能な教員ばかりではない。そのため、テレビ会議システムを活用した授業が行われた後は各校内で、または数校間で改善点について協議の場を設けるなど、実際の機器使用を通して教員のICT活用能力を向上させる、実践的な研修を行っている。

③　地域住民に学校への理解を深めてもらう機会づくり

　前述したとおり、地域と連携協働しながら様々な取組みをしているが、それが実行され期待する成果を上げるためには、地域住民が常に学校に対して関心を持ち見守っていてくれることが前提条件となる。そのためには、地域住民に学校へ出かけてもらう機会を意図的につくることが大切であるとの考えから、例えば2016（平成28）年には徳島県出身のプロの人形遣いを招いて人形浄瑠璃体験教室を開催したり、2017（平成29）年には和太鼓公演・体験教室を開催したりするなど、小中学生の活動を地域住民に見てもらった。

　また、2か月に1回の割合で、小中学生の活動の様子を知らせる広報紙「チェーンスクール通信」を発行し、新聞折り込みで地域内の各家庭に配布している。

④　保育所との連携

　幼児教育から小・中学校教育への滑らかな接続を図るため、地域にあ

る椿保育所との連携を深めている。

また、こうした連携活動を通じて小中学生が幼児とふれ合うことにより自らの成長を実感し、思いやりと優しい気持ちを育むことを目指している。

⑤ 教職員間の連携

教職員間の連携を強化し、小中が一貫した取組みを推進するため、3校教職員合同の研修や研究会を定期的に開催している。会議や打ち合わせは、教職員が一堂に会する形だけでなく、テレビ会議システムの活用により効率的に行うことが可能になった。

また、こうした教職員合同の研修、情報交換や打ち合わせ、あるいは子どもについて話し合ったりする機会が格段に増えたため、各学校の枠を越え校区の子どもたちの9年間の指導に一体となって取り組む仲間、という意識が強まりつつあるとの声が多く聞かれた。

4 椿町中学校区の「チェーンスクール」への取組みから考えるべきこと

椿町中学校区による実践は、「小規模校を維持しつつ、複数の小規模校をチェーン（連鎖・系列網）で結ぶスケールメリットを活かし、各学校の人的・物的資源を相互に活用しながら多様な学びを保障する、経済効率性と教育多様性を同時に追求した学校間連携に基づく学校である」とするチェーンスクールの実現を目指す、学校と地域が一体となった懸命な取組みで、それなりの成果を上げつつあると思われ、注目すべき事例だと考える。

第1に、市町村立学校の小規模校対策に県が積極的に関わり、地元大学と共同研究を行ったうえで実施モデルを提示し、その実証的な取組みをする市町村を支援する徳島県教育委員会の姿勢である。都道府県の多くは、急激に進行する少子化に伴う適正規模・適正配置対策が重要な問

題だとしつつも、具体的な対応は市町村の問題だとして積極的な関与はしていないからである。

　次に注目すべきことは、チェーンスクール特有の課題ではないが、小規模校の教職員数という根本的な問題である。前述したように、椿町中学校区では実に多彩な取組みをしているが、連携する3校はいずれも小規模校であるため教職員数が少ないという根本的なハンディをかかえ、マンパワーの面からできることは限られており、しかも3校間の移動にはかなりの時間を要する。

　こうした課題解決の1つの方法としてテレビ会議システムの可能性が実証されたことは前述したとおりである。けれども、それとて例えば授業での活用効果をさらに大きくするためには、授業者とは別に、授業の進行状況に応じてテレビ操作等をする人の存在が望ましいとの指摘があることも前述したとおりである。

　また、学校と地域との連携協働が不可欠だとしても、人口減少や高齢化が進む中で地域における協働の担い手が確保しにくくなっていることも大きな課題となっている。

　徳島県教委は2016（平成28）年度から新たに「小中一貫教育（徳島モデル）推進事業」を立ちあげ、チェーンスクール4地域、パッケージスクール2地域を研究指定して、徳島モデルを全県で推進することを目指している。椿町中学校区はこの事業にも採択され、併せて文科省の「少子化・人口減少に対応した活力ある学校教育推進事業」の指定を受け、取組みを続けている。

　同校区が、様々な課題を克服し、徳島モデルの1つであるチェーンスクールが真に有効であることを実証できるかどうかが注目される。

【参考文献・資料】

1 「徳島県における今後の人口減少社会に対応した教育の在り方研究(最終報告書)」(徳島県教育委員会・鳴門教育大学　2013年3月)
2 「今後の人口減少社会に対応した新しい学校教育のかたち　小中一貫教育『徳島モデル』調査研究事業」(徳島県教育委員会　2014年3月)
3 「広報あなん　2016年8月号(No.697)」(阿南市　2016年8月)
4 リーフレット「ふるさとがすき　ふるさとに誇りを持ち　笑顔と元気があふれる　椿っ子　の育成〜分散型小中一貫教育(チェーンスクール)を活用して〜」(阿南市教育委員会　2017年3月)

補　論

　徳島モデルは、チェーンスクールとパッケージスクールの2つからなっている。
　参考までに、パッケージスクールに初めて取り組んだ同県海部郡牟岐町立牟岐中学校区の実践について簡単に整理しておくことにしたい。

□海部郡牟岐町立牟岐中学校区 ―パッケージスクール―

1　牟岐中学校区の状況

　牟岐町は徳島県の南東の海岸沿いに位置し、室戸阿南海岸国定公園、内妻公園、八坂八浜公園などで知られる町である。海部郡美波町、海陽町と隣接。主な産業は農業・漁業であるが、年々衰退し、産業人口でみると第3次産業就業者の比率が高まっている。
　人口は1950（昭和25）年国勢調査では1万521人であったが、その後は一貫して減り続け、1965（昭和40）年には9,190人と1万人を割り込み、2010（平成22）年には5,000人を切り4,850人となった。
　2017（平成29）年5月1日現在の推計人口は、4,100人である。

2　「市宇ケ丘学園」の誕生

　同町の牟岐地区にあった牟岐小学校、牟岐保育所、社会教育施設等の老朽化、さらには南海トラフ地震被害対策として高台移転の必要性が高まったことなどを契機として、児童数が減少した町立河内小学校を牟岐小学校に統合し新牟岐小学校として牟岐中学校の敷地内に移転するとともに、併せて保育所も同敷地内に移転した。また、同校地内には町民体育館・町民プール・町民センター、給食センターが立地する。
　これにより、0歳から15歳までの15年間を見通した県内初の一体型保小中一貫校が誕生し、保育所と学校のそれぞれが担うサービスを一体

化することにより、地域ぐるみで教育内容の充実を目指す「市宇ケ丘学園」が2013（平成25）年4月1日に誕生した。

3 学園の主な活動 —小中一貫教育を中心に—

運営体制は小・中に各1人ずつ校長・教頭がいて、協議し合いながら学園としての活動がなされる。また、職員室も小・中が別々である。

小中一貫教育に関連する主要な取組みとしては、施設の共用（理科室、家庭科室、体育館等）と共有の広場における小中学生の日常的な交流、(保)小中教員の相互乗り入れによる「ティーム・ティーチング」（2013・14年度は小5体育、中1英語で実施した。小1ギャップや中1ギャップの解消に効果があるものの、教員配置状況に変更せざるを得ないのが悩み）、保小中の合同防災訓練や防災ウォーキング等を実施している。

また、こうした（保）小中の合同活動をはじめとする多くの教育活動に、地域住民の積極的な参加を求めて学校運営されていることも大きな特色である。

【参考文献・資料】
1 「徳島県における今後の人口減少社会に対応した教育の在り方研究（最終報告書）」（徳島県教育委員会・鳴門教育大学　2013年3月）
2 「今後の人口減少社会に対応した新しい学校教育のかたち　小中一貫教育『徳島モデル』調査研究事業」（徳島県教育委員会　2014年3月）
3 小中一貫教育による多様な教育システムの調査研究事業　第1回小中一貫教育推進会議資料「平成25年度における研究実践の成果と課題」（牟岐町市宇ケ丘学園　牟岐小学校長・中村亨氏作成　未定稿　2014年7月）

事例9 統廃合できない学校による取組み事例
―その2―

長崎県五島市奈留地区
～小中高一貫教育で校種の違う3校すべての存続を目指す実践例～

《ワンポイント・ガイド》
　全国的に少子化が進行する状況下で、離島の学校が置かれた状況は厳しく、なかでも2次離島の学校存続はさらに厳しい。
　本事例は、そうした2次離島である五島市奈留地区にある小、中、高校という3校種の学校が、市立奈留小中学校の校舎と隣接地にある県立奈留高校を渡り廊下でつなぎ、小中高一貫教育により、それぞれの持つ人材（教職員）等を相互に有効活用することによって小規模校のデメリットを最小化することで、全校種の学校存続を図る取組みである。
　そして、注目すべきは、こうした取組みを可能にしているのは、長崎県教育委員会が「1島1高校及びこれに準じる通学上の不便さをかかえる地域においては、高等学校で学ぶ機会を確保する観点から特例を設け、連携型中高一貫教育を導入するなど、学校の機能と教育水準の維持を図りながら、小規模校であってもできるだけ維持する方向で検討を行う」との基本方針に基づき、積極的な支援を行っていることである。

1　五島市奈留地区の概要

　五島市は長崎県の西部、大小152の島からなる五島列島の南西部に位置する。総面積は420.10平方キロメートル、11の有人島と52の無人島で構成されている。
　2004（平成16）年8月1日、福江市、南松浦郡富江町・奈留町・玉之浦町・三井楽町・岐宿町の1市5町が合併し五島市となった。南松浦郡新上五島町（海峡を挟む）に隣接している。人口は3万6,020人（2017年10月1日推計）である。
　合併前の旧奈留町は1889（明治22）年4月1日、町村制施行により南松浦郡奈留島村となり、さらに1957（昭和32）年11月3日に町制・

事例9 統廃合できない学校による取組み事例 —その2—／**長崎県五島市奈留地区**

改称して奈留町となった。

合併により五島市の2次離島となった奈留地区は、面積が23.65平方キロメートルで福江島、久賀島に次いで大きい。また、合併時の人口は3,505人（2004年7月1日推計）であったが、急激に減少し2,335人（2016年8月1日住民登録）となったものの、福江地区（旧福江市）に次いで多い。

奈留地区には現在、市立の小学校、中学校、県立高校が各1校あり、連携型小中高一貫教育を行っていることで知られている。

2　奈留地区における小中高一貫教育への取組み経過

奈留地区における小中高一貫教育への取組みは、まず県教育委員会の研究事業として始まり、次いで2006（平成18）年11月の構造改革特区としての認定を契機に本格化し、今日に至っている。そうした取組みの経過を整理しておくことにする。

(1) 中高一貫教育への取組み

離島を多くかかえる長崎県は、全国的にも早い時期から外部委員による審議会を設置し、人口減少期への対応策と高校教育改革等の検討を行い、その審議会答申に基づく対策を講じてきた。

そうした施策の一環として、県教育委員会は2001（平成13）年2月、県立高等学校改革基本方針を策定した。その中で、県立高校の適正規模を「1学年4学級〜8学級」とし、生徒数の増加が見込めない11校を閉校とした。

その一方で、五島列島の奈留島を含む3島に1校ずつある3校は、離島における教育機会確保のための特例的措置として統廃合対象から除外し、連携型中高一貫教育を導入することで存続させることにした。奈留高校もその1つとして、2001年度から導入された。

しかし、過疎化・少子化の進行はとまらず、学校規模の縮小と配置職員数の削減を迫られ、教育水準の低下が心配される状況となり、次の一

手を模索しなければならない状況となった。

(2) 小中高一貫教育の研究開始

2004（平成16）年、合併による五島市成立時における奈留地区の小学校は奈留小学校と船廻小の2校であったが、長崎県教育委員会による県立高校教育改革の一環として、2008（平成20）年度から奈留地区における小中高一貫教育の導入がすでに決定されていた。

そのため、2005（平成17）年度には県教育委員会指定の「小中高一貫教育の研究」事業が始まり、2006（平成18）年度には保護者をはじめとする地域住民を対象とした「小中高一貫教育地域説明会」や奈留小学校と船廻小学校との統合をにらんだ児童の交流活動などが行われた。

(3) 全国初の小中高一貫教育の「構造改革特区」認定

2006（平成18）年11月16日、五島市が少子化の進行する中で学校の存続を目指す方策として申請していた、政府が地域限定で規制を緩和する構造改革特区として、奈留地区における「小中高一貫教育」の取組みが認定された。

これまで、特区を活用した小中一貫教育は東京都品川区などですでに行われていたが、高校まで含む小中高一貫教育の特区認定は全国初のケースであった。

当時の政府発表資料「五島市奈留地区小中高一貫教育特区」に記載されていた主な内容は、次のとおりである。

① 区域の範囲
五島市の区域の一部（奈留小・船廻小・奈留中校区）。

② 特区の概要
離島である奈留地区は、基幹産業である水産業の衰退に伴い少子化・

過疎化が進行し、2008（平成20）年度以降小学校第1学年から高校第3学年まで、すべての学年で単学級化が想定されている。

このような厳しい教育環境の中で、学校教育の活性化、教育水準の維持・向上を図り、児童生徒の学力保障と豊かな心やたくましさの育成を果たすため、小中高12年間の系統的な教育課程による、小中高一貫教育を導入する。

③ 適用される規制の特例措置

ア　特区研究開発学校の設置（教育課程の弾力化）

ここで認められた主な内容は、次のとおりであった。
- 小1～高3の12年間を、「4-3-5」の学年区分で教育課程を編成
- 前期（小1～4）、中期（小5～中1）、後期（中2～高3）教育の位置づけ
- 小1～小6年に「英語科」を新設
- 「特別活動」と「総合的な学習の時間」を統合して、「奈留・実践」の新設

イ　特区研究開発学校における教科書の早期給与
- 小6年から、中1年の教科書の一部を先取りして使用する。

(4) 小中高一貫教育特区認定に伴う試行と小中学校の統合

2007（平成19）年度は特区認定を受け、小中高一貫教育の試行が行われた。奈留地区はすでに2005（平成17）年度から、県教育委員会による小中高一貫教育研究の委嘱を受けて研究を重ねており、ごく自然な形で小中高合同歓迎遠足などに取り組み始めた。

また、同年は奈留小学校（すでに2006年に船廻小を統合）と奈留中学校が合併し、市立奈留小中学校となった。職員体制は校長1人、教頭2人である。

さらに、この年から小学校での英語教育が始まった。

(5) 小中高一貫教育の本格実施

2008（平成20）年度には、小1〜中1年生は中学校の校舎、中2〜高3年生は高校の校舎で学ぶことになり、小中高合同体育大会、かるた百人一首大会などが行われ、学年を越えた異年齢による集団活動にも力を入れるようになるなど、奈留地区の小中高一貫教育が本格的に実施されることになった。

(6) 施設面における小中高一貫教育推進体制の整備

2008（平成20）年度から小中併設校となり、小中学校のグラウンドを挟んで小中学校と高校が隣接する形になった。

また、2010（平成22）年度には、奈留中学校の老朽校舎の改築を契機に、奈留小学校が中学校敷地へ移転し、施設一体型校舎を整備した。

これにより、小中学校と高校の距離はさらに近くなり、しかも両校舎をつなぐ渡り廊下が設置され、施設面でも小中学校と高校の連携や交流が一層スムーズに行える条件が整備された。

3 奈留地区における小中高一貫教育の主要な内容

2で前述したような取組みの過程を経て、2016（平成28）年度における奈留地区の小中高一貫教育の主要な内容について、以下に述べることにしたい。

(1) 小中高一貫教育の推進体制

小中高一貫教育を推進するための体制が整備されている。

企画立案と試行の期間だった2007（平成19）年度までの校内推進体制は、教科分科会と推進部会に全教職員が重複して所属し、毎月1回開催される合同職員会議で交互に議論を重ねるというものだった。

本格実施した2008（平成20）年度には、実践・検証を円滑に行うため組織改革が行われた。また2013（平成25）年度には、地区推進部会

に部活動部会とキャリア教育部会を新設した。

さらに2014（平成26）年度は、キャリア教育部会を領域部会に組み入れる見直しを行った。

このように部会が増え、教職員が複数の部会を兼務する状況であったため、一貫・継続した取組みが不十分になったという反省のもと、2015（平成27）年度には、キャリア教育を中心とした教育活動の展開を目指し、下記のように組織改編を行い、今日に至っている。

① 小中高一貫教育推進本部会議

県が主管する最上部機関とでもいうべき組織で、県教委の関係課（室）長、前述した小中高一貫教育が導入された離島の3校が立地する市・町の担当者、関係する学校長からなる。

県教育庁総務課県立学校改革推進室長、義務教育課長、高校教育課長、佐世保市・五島市・小値賀町の各教育委員会担当者、関係小・中学校及び高校長の14人で構成。

② 小中高一貫教育研究部会

県が主管し、県教育庁の関係各課の担当者、小・中学校の教頭（代表者）、関係各高校の教頭などの実務の責任者からなる研究組織。

③ 奈留地区小中高一貫教育推進委員会

地区の推進組織で、推進委員長を五島市教育長、副委員長を奈留高校長が務める。

④ 事務局

小中高の教頭、高校事務長、五島市教育委員会担当者からなり、高校事務長が事務局長を務める。

⑤ 運営委員会
小中高校の校長、教頭、担当者で組織する。

⑥ 地区推進部会
教職員が参加するもので、次の2部会からなる。
・学力向上部会(授業、検証・分析Gと家庭学習調査Gからなる)
・人間力向上部会(奈留・実践カリュキュラムG)

(2) 小中高一貫教育の教育目標と課題及び研究内容

前述した推進体制で取り組んだ、2016(平成28)年度における小中一貫教育の目標と課題及び研究内容の全体を次に簡単に整理することにしたい。

① 教育目標
夢・実現～自ら学び、自ら生き方を切り拓き、夢を実現できる児童生徒の育成～
・学力向上
・社会力(豊かな心・たくましさ)の育成

② 研究課題
ア 基礎学力の充実を図るための12年間を見通した教育課程の工夫
イ 教科指導を充実させるための小・中・高教員の相互乗り入れ
ウ 豊かな人間性・社会性を育むための小・中・高の児童生徒と地域が一体となった学校行事
エ その他、小中高一貫教育に関する諸課題

③ 研究内容
ア 研究のねらい
　a 学校教育のますますの活性化と教育効果の向上・充実及びすべ

事例9 統廃合できない学校による取組み事例 —その2—／**長崎県五島市奈留地区**

  ての児童生徒の健全な育成を実現する。
 b 小・中・高が連携し、校種の違いや教職員の定数減等、教育活動上の制約を克服する方策を探求する。
 c 小中高一貫の学校行事や教育活動を推進し、異年齢集団の交流による社会性や豊かな人間性を育てるとともに、教職員間の研究・研修交流の活性化を図る。
イ 研究内容
 a 12年間を通して児童生徒の発達段階に応じた学力と個性の伸長を図る教育課程と学習指導方法のあり方について
 b 小・中・高の相互乗り入れ授業、TT授業、及び教員相互の研修会のあり方について
 c 小中高一貫した郷土学習・進路学習・社会力育成を目指した「奈留・実践」について
 d 異年齢集団による学校行事、児童・生徒会活動、部活動の活性化について
 e 12年間を通した生活指導及び進路指導のあり方について
ウ 本年度の主な取組み —2016（平成28）年度—
 a 小中高合同会議（月1回）の実施
 b 小・中・高の時程の調整・ノーチャイム日課
 c 合同行事（三大行事といわれる。）
  歓迎遠足（4月）、体育大会（9月）、百人一首大会（11月）

④ **相互乗り入れ授業の実施**
ア 高校から中学校へ … 理科・家庭・体育
イ 中学校から高校へ … 数学・地歴・体育・音楽・美術

⑤ **小中高一貫教育における英語教育の研究**
ア 小中高の教員が毎週1回教科部会を行う。

イ　授業に関して、小6と中1、中3と高1の接続を重視。

(3) 小中高一貫教育のポイントとなる取組み

(2)で前述した各項目のうち、一貫教育を実施する際に重要なポイントとなり、これまでの先行実施校による創意を凝らした取組み事例も多い2項目について、以下に改めてやや詳細な紹介をすることにしたい。

① 乗り入れ授業の実施状況

「乗り入れ授業」とは、特定の教員が1年間（あるいは学期ごとなどの特定期間）を通して、在籍校とは別の学校で授業を行うもので、一貫教育校では多くの取組み事例がある。

奈留地区の一貫教育でも、小規模校で生じがちな免許外の授業担当を解消し、児童生徒の基礎学力及び発展的学力を高めるため、第5表に示すとおり教員が兼務発令を受けて他校種の学校へ行き、自らの専門性を生かした授業を行う取組みを積極的に行っている。

それぞれの学校別で見ると、数少ない教員を効率的に活用できるのは一貫教育だからこそである。けれども、乗り入れに関してしばしば指摘される課題は、専門性を重視すれば中・高校教員の負担増になりがちであることだ。また、毎年の人事異動の内示が明らかにならなければ、乗り入れ可能な科目・担当者が決まらず（したがって時間割編成もできない）、継続的な指導も困難だという悩みがあることは、奈留地区でも全く同じだという。

② 小・中・高の時程の調整とノーチャイム日課

一貫教育の成果を上げるポイントの1つである異校種の児童生徒の交流活動や、前述した乗り入れ授業などをスムーズに行うためには、小中高の時程の調整やノーチャイムによる日課などの工夫が大切になる。

奈留地区の一貫教育でも第6表のような工夫を凝らしている。すなわ

ち、小中学校のみの給食時間や下校の通学バス（スクールバスではなく路線バス利用）時刻などの制約がある中で、授業時間（小学校45分、中・高校50分）の違いを考慮し、授業開始時刻を統一するなど、円滑な乗り入れ授業などに配慮した日程としている。

また、ノーチャイムの日課とすることで、自主的・自律的な行動を促す取組みもしている。

第5表　奈留地区における小中高一貫教育の乗り入れ授業の実施状況（2016年度の場合）

校種	学年	担当職員	教科	形態	週あたり時数	年時数
小学校	1・2年	高校ALT	外国語活動	T.T	0.6時間	17時間
	2・3年	中学校職員	算数	T.T	5時間	175時間
	3・4年	中学校職員	音楽	合同	1.7時間	60時間
		高校ALT	外国語活動	T.T	0.5時間	17時間
	5年	中学校総員、高校ALT	英語	単独	1時間	35時間
	6年	中学校職員	理科	単独	3時間	105時間
		中学校職員、高校ALT	英語	単独	1時間	35時間
中学校	1年	高校職員	技術・家庭（家庭分野）	単独	1時間	35時間
		高校ALT	英語	T.T	随時（3～4時間）	122.5時間
	1・2年	高校職員	保健体育	T.T	2時間	70時間
	2年	高校職員	技術・家庭（家庭分野）	単独	1時間	35時間
		高校ALT	英語	T.T	随時（3～4時間）	122.5時間
	3年	高校職員	保健体育	T.T	3時間	105時間
		高校職員	技術・家庭（家庭分野）	単独	0.5時間	17.5時間
		高校ALT	英語	T.T	随時（3～4時間）	122.5時間
高校	1年	中学校職員	数学I	少人数	3時間	105時間
		中学校職員	数学A	少人数	2時間	70時間
		中学校職員	音楽	単独	2時間	70時間
	全学年	中学校職員	保健体育	T.T	3時間	105時間

出典：「平成28年度　奈留地区小中高一貫教育推進委員会　紀要」（五島市立奈留小中学校・長崎県立奈留高等学校　2017年1月）8頁

第2章　事例からみた小規模校対策の実際

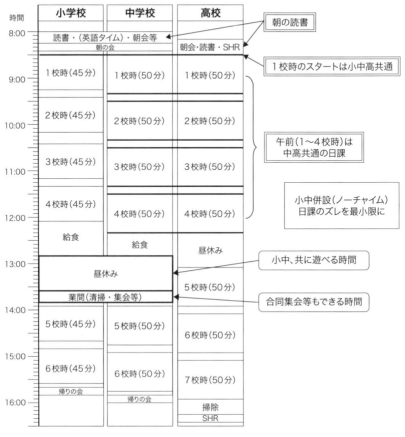

第6表　奈留地区における小中高一貫の日課表（2016年度の場合）

出典：「平成28年度　奈留地区小中高一貫教育推進委員会　紀要」（五島市立奈留小中学校・長崎県立奈留高等学校　2017年1月）9頁

(4) 奈留地区における小中高一貫教育の特色ある取組み例

前述した特区認定の主要な内容であり、今日でも取組みが継続され、奈留地区における小中高一貫教育の特色ともなっている2つの項目について、以下でやや詳細に述べることにする。

① 小学校を中心とした英語教育

2007（平成19）年度の小中高一貫教育の試行開始時から、小学校の

英語教育の強化が始まった。すなわち、特区を活用して学習指導要領に拘束されることなく、小学校1～4年で「英語活動」、同5～6年で「英語」の授業を始め、すっかり定着して今日まで続いている。

こうした奈留における英語教育の特色の1つが、「生の英語」を聞く機会の豊富さだといわれる。五島市内における他の小・中学校では、ALTと交流するのが週1～2回程度とされているのに対し、奈留小学校では前述した渡り廊下でつながる県立奈留高校からALTがほぼ毎日来て、児童たちと言葉をかわす。

また、イングリッシュデー（毎週木曜日）や英語タイム（火・木曜日の朝の活動及び業間）、英語集会など、英語担当教員だけでなく全教員で取り組むことにより、英語の力を高めようとしている。特に5～6年生の授業は中学校の英語教育へスムーズに接続するため、担任の他に中学校英語科教員とALTの3人態勢で行うなど充実している。また、6年生の後期には中学1年生の教科書を使って学習することも奈留の特色である。

さらに、前述した連携型中高一貫教育への取組みなどをきっかけとして、中学校と高校の教員が相互に乗り入れするようになり、今日ではすっかり定着している。

こうして今や、奈留の英語教育は島外へも積極的にPRすべき優位性を得たものとして、小中学校と奈留高校がそれぞれの事業を立ち上げる計画であるが、それについては改めて後述する。

② 「奈留・実践」への取組み

特区で「特別活動」と「総合的な学習の時間」を統合し、奈留地区の実態に合わせて「奈留・実践」の新設が認容されたことは前述した。

この「奈留・実践」は「奈留地区『小中高一貫教育』グランドデザイン」に明確に位置づけられ、同デザインにある「つながる力」・「わかる力」・「えがく力」につなげていくことを目指し、小・中・高で共通理解

を図りながらカリキュラムを編成している。

　もちろん、このカリキュラムは繰り返し見直しや改善が行われてきた。例えば、2016（平成28）年度には、「つながる力」・「わかる力」・「えがく力」を明確にするため、発達段階に応じた児童生徒の「めざす子ども像」をその観点から文章化した。そのうえで、これまで実践してきた「奈留・実践」の単元と「めざす子ども像」を合わせてカリキュラム一覧を作成した。これを見れば、どのような子どもを育てようとしているのか、そのためどんな取組みが考えられているのかを小中高の教職員が共通理解しやすくなり、それを実現するためのカリキュラム見直しや授業が進めやすくなると考えたのである。

　「奈留・実践」は大きく「ふるさと」（郷土学習）・「あすなる」（進路学習）・「かがやき」（学級活動）の3分野に分けてカリキュラムが編成される。2016（平成28）年度を例にとれば、「ふるさと」・「あすなる」は、校外で見学や体験をしたり、調べ学習や発表したりする学習が数多く行われた。「かがやき」は中学校で学級活動が多く行われたことが目立っている。

4　県・市が一体となった新たな取組み

　これまで述べてきたような創意工夫を凝らした懸命な取組みにもかかわらず、奈留地区における人口減少と児童生徒数の減少はとまらないという厳しい状況が続いている。

　そのため、県と市が一体となった新たな取組みを始めた。その中から次の2つの事業に絞って紹介する。

(1)　五島市「しま留学生受け入れ事業」

　2次離島である奈留島地区にある学校は、地理的条件から学校統廃合は不可能であり、学級の複式化ということもある。そうした厳しい状況下でも、奈留地区では前述してきたとおり極少人数に対応した取組みに

事例9 統廃合できない学校による取組み事例 ―その2―／長崎県五島市奈留地区

よりデメリットを少なくする努力を続けている。

　五島市教育委員会は、このような状況を踏まえ、地域社会の核である小・中学校をあくまでも存続させる方策として、2016（平成28）年4月から奈留島と久賀島の2島で新たに「しま留学生事業」（以下、「しま留学」）を始めた。

　しま留学の概要は次のとおりである。なお、以下では奈留地区のみに絞って述べる。

① 目　的

　島の大自然の中で生活し、極小規模の小中併設校で「きめ細かな教育」が受けられるという利点を生かし、市外から留学生を受け入れることで学校の存続を図り、学校を中心に島全体の活性化を図る。

② 連絡協議会とコーディネーターの配置

　しま親を中心に、奈留小中学校長、PTA会長、市教育委員会事務局で組織する「五島市奈留しま留学連絡協議会」が事業の中核を担う。

　同会の目的は、奈留しま留学制度の運営と留学生の受け入れに際しての協力体制を整備し、留学生の成長を支援することである。具体的には、留学生の受け入れ及び契約の中途解約の決定、事故発生時の相互支援、留学生の臨時預かりに関する調整、留学生の体験活動に関する事業の企画・実施等を行う。

　また、週休日や長期休業中の体験活動の企画・運営に積極的に取り組む「しま留学コーディネーター」を配置している。

③ 募集基準

　ア　地域の自然や環境を理解し、転学を希望する健康な児童・生徒
　イ　豊かな体験と思い出作り等により、第2の故郷を求める児童・生徒

ウ　奈留島の大自然の中で様々な体験活動を希望する児童・生徒
エ　小学校3年生から中学3年生までの児童・生徒
オ　募集人数は、5人程度

④　「しま親」

留学生は島内に住んで、奈留小中学校に通学することになるが、その居留先の主が「しま親」となる。しま親の位置づけと役割は次のようになっている。

また、しま親には市教育委員会から留学生1人あたり月額9万円の委託料が支払われる。

ア　しま親は、留学生を家族の一員として、他の家族と区別することなく接し、深い理解と愛情をもって、心身の健全な成長を願い、養育にあたる。

イ　しま親は、学校運営に対し実親と同様の立場で参加する。また、しま親は実親との連絡を密にし、留学生に対し適切な対応を心がける。

ウ　しま親は、留学生に事故や大きな病気等が発生しないように最善の注意を払う。発生した場合には、しま親が適切な処置を行うとともに連絡協議会に報告し両者の協議のうえ、対応する。

エ　留学生は、長期休業中は原則帰省するものとするが、滞在しようとする場合は、実親としま親が協議して決定する。

⑤　留学に要する経費

ア　委託料は1人あたり月額3万円。毎月25日までに、翌月分（前納）を納入すること。

イ　医療費、衣料費、小遣いなど留学生の生活に必要な費用は実親負担。

ウ　学校に納入する教材費、給食費などは実親負担。ただし、PTA

事例9 統廃合できない学校による取組み事例 —その2—／長崎県五島市奈留地区

会費は除く。
エ　イとウについては、実親としま親が協議のうえ、概算で預かり別途精算する。
オ　夏季及び冬季休業前後の帰省にかかる留学生本人の交通費は、年間2往復を上限に予算の範囲内で助成する。

〈帰省時の交通費助成内容〉
- 助成の対象者……留学生本人
- 助成範囲……福江〜長崎間ジェットフォイル料金及び長崎駅〜帰省地の最寄駅までのJR運賃。JR運賃は、新幹線自由席利用で算定した額とし、利用交通機関を問わず定額である。
- 助成回数……夏季休業中1往復分、冬季休業中1往復分の年2回

カ　留学生の事故等に対応するため、傷害保険及び賠償責任保険（全国山村留学協会　短期・長期留学の保険）に加入する。保険料は実親負担（平成29年度は1人あたり年額24,210円）とし、年度初めの4月25日まで前納。

⑥　**契約と留学期間**

ア　留学の期間は、原則として4月から翌年3月までの1年間。ただし、継続を希望する場合は、「五島市奈留しま留学連絡協議会」と契約の更新について協議する。
イ　契約は、「五島市奈留しま留学連絡協議会」が立ち会いのうえ、留学生の実親と里親・しま親の間で行い、契約事項を誠実に守ることとする。

⑦　**解　約**

次の事項に該当する場合は、連絡協議会の立会いのうえで、解約することができる。

ア　留学生の問題行動等により、指導監督が困難であると判断されたとき
イ　委託料の不納及び契約違反が生じたとき
ウ　家庭の事情などにより、解約希望が生じたとき
エ　申込書及び契約書等に虚偽があるとき

⑧　しま留学の告知（PR）
ア　五島市HPでの周知
・毎年6月に更新し、次年度の募集開始（夏休み中の見学を可能にする）
・動画や留学生の声を入れ、制度の周知を図る工夫
イ　チラシの配布（県による高校生留学制度とのタイアップ）
・五島県人会での配布
・全国主要都市教育委員会への配布依頼
・市外で開催される各種会議等での配布
・空港や港での配布
ウ　ポスターの掲示
・各都道府県教育委員会への掲示依頼
・空港や港等での掲示

⑨　取組み2年目途中の状況と評価及び課題
　取組み開始後約1年半近く経過した時点で、五島市教育委員会から聞き取りをしたところによれば、受け入れ状況と評価等の概要は以下のとおりである。
〈受け入れ状況〉
　2017（平成29）年度における奈留小中学校留学生の受け入れ状況は、小4、小6、中1、中3が各1人ずつの合計4人で、全校児童生徒数は62人である。

〈評価〉
・スタートして日が浅いものの、留学生の現地見学や申し込みも多く、周知活動が順調に進んでいると感じている。
・継続希望の留学生もおり、島の生活に慣れ、充実した生活を楽しんでいる。
・しま親に委託料を支払うことで、一定の経済効果があった。
・小規模校ならではの「きめ細かな指導」の取組みを、様々な形で紹介することができた。
・各種学校行事を通して、地域住民と留学生や実親との交流を図ることができた。

〈反省〉
　島での様々な体験活動（島ならではの体験）を、もっと計画的に仕組んでいく必要がある。

〈課題〉
・留学生の生活を充実させることにより「しま留学」の良さや魅力を体感してもらうことが制度の継続につながる。そのためには、連絡協議会としま留学コーディネーターとの連携を一層強化し、魅力づくりをする必要がある。
・定員を増加させるためには、しま親の確保と財源の確保が課題である。とりわけ、しま親の確保は島民の高齢化が進行している中で、留学生の帰省期間中を除く毎日、食事等の世話をすることの厳しさを訴える人も多く、かなりの難問だという。
・HPの充実等（空撮動画）に取り組み、事業の周知を図ることである。ただ、最近は海外からの問い合わせもあり、可能性を感ずることもあるという。

(2) Ｅ（イングリッシュ）－アイランド・スクール
　離島を多くかかえる長崎県教育委員会が、早くから少子化に伴う高校

教育改革に積極的な取組みをしてきたことは前述した。そうした取組みの一環として、2018（平成30）年度から導入を計画しているのが「離島留学制度」であり、その奈留高校版がE－アイランド・スクールである。

①　県教育委員会の基本方針

長崎県教育委員会は2016（平成28）年9月8日、「長崎県立高等学校教育改革第8次実施計画」を策定した。

同県教委は、この計画の冒頭で次のように記述している。

> 長崎県教育委員会は、〜中略〜県立高等学校教育の改革や適正配置等に関する基本的な考え方を示す「第2期長崎県立高等学校改革基本方針」（計画期間：平成23〜32年度）を平成21年3月に策定した。
> 　この方針において、第1期基本方針の「適正配置の基準」を一部見直し、1島1高等学校及びこれに準じる通学上の不便さを抱える地域においては、高等学校で学ぶ機会を確保する観点から特例を設け、連携型中高一貫教育を導入するなど、学校の機能と教育水準の維持を図りながら、小規模校であってもできるだけ維持する方向で検討を行うように改めた。
> 　また、人口減少社会への対応が求められる中、地方創生の観点から県立高等学校の存在が、地域コミュニティの維持、活性化にも影響を与えるという視点に立ち、しまや半島部の小規模化する県立高等学校において、教育面からも地域活性化につながるような、地域と連携・協働した取組ができないか、検討を進めているところである。（同計画1ページ）

このような基本方針に基づき策定された第8次実施計画に盛り込まれた施策の1つとして、小規模校化が進むしまの高等学校における離島留学制度の拡充がある。これは五島南高校と奈留高校を対象とした事業であるが、ここでは奈留高校の小中高一貫教育と英語教育に重点を置いた、特色ある教育による留学制度を導入するアイランド・スクールに絞って述べる。

② 離島留学制度推進委員会の設置

「離島留学制度の趣旨に基づき、奈留高校に離島留学生として就学する生徒（以下、「留学生」）に対して、地域との連携を図りながら、地域の教育資源を活用した学びの場を提供し、豊かな人間性と創造性を備えた人材の育成を図ることを目的」（設置規約第3条）とする長崎県立奈留高等学校離島留学制度推進委員会（以下、「推進委員会」）が設置されている。事務局は奈留高校に置かれる。

ア 事業及び所掌事項

推進委員会が行う事業は次の5項目である。

- 離島留学制度の推進に関すること
- 留学生募集に関する広報及び体験入学等に関すること
- 留学生のホームステイに対する支援策及び生活環境の整備に関すること
- 地域と連携した体験活動等の教育活動に関すること
- その他、離島留学制度に必要な事業に関すること

イ 推進委員会の組織

推進委員会は校長が委嘱する次のような12人のメンバーで組織される。

- 五島市教育委員会総務、学校教育の各課長及び市総務企画部政策企画課長
- 奈留高校校長及び事務長
- 五島市立奈留小中学校長
- 奈留高等学校同窓会長、同PTA会長
- 長崎県教育庁高校教育課長、同総務課県立学校改革推進室長
- 奈留高校の未来を考える会代表

ここで注目すべきは、県教育庁の関係課長、高校が立地する五島市の教育委員会及び首長部局の総務企画部政策企画課長等がメンバーとなっており、奈留高校に丸投げすることはせず、県教育委員

会及び立地自治体が取組み現場である高校をしっかり支えながら推進する体制づくりがなされていることである。
　ウ　推進委員会の事務局
　　推進委員会の事務局として、奈留高等学校離島留学運営委員会（以下、「運営委員会」）が置かれ、次の3つの部会が置かれ、離島留学制度にかかる事業の具体的な企画について検討し、その運営を行う。奈留高校長が運営委員会を代表する。
　　・事業検討部会
　　・里親、保護者連絡協議部会
　　・教育推進部会
　エ　推進委員会の会計
　　推進委員会は五島市等からの補助金、留学生保護者の負担金のほか、その他の雑収入で運営される。

③　「E－アイランド・スクール」の事業内容
「E　アイランド・スクール始動！」「奈留高校　離島留学生制度　平成30年度より導入」などと記載された募集用リーフレットでは、次のように呼びかけている。

> 「『英語が好き』『もっと英語に親しみたい』…など本校の英語教育に興味をもつ中学生を募集します。」
> 「島内にホームステイをする形で学校生活を送り、英語コミュニケーション力を身につけていきませんか？」

そして、予定されている事業内容については、おおよそ次のとおり記載している。
　○「イングリッシュキャンプ」
　　4泊5日の英語づけの学習である。

○自然環境・歴史文化との共生を目指す島《奈留》を英語で発信。英語での観光ガイドにも挑戦する。
○１対１での対話を重視した授業
　　生徒５〜10人のクラスにALT２人と英語科教諭２人がついて指導する。
○専門英語や学校設定科目で英語を学ぶ授業の大幅増加
　　英語関連の授業は３年間で最大25単位となる。

④　ホストファミリー等について

留学生は島内にホームステイする形で奈留高校に通学することになる。その受け入れ先となるホストファミリーを、次の３つのパターンで募集している。

〈パターン１〉　ホストファミリー
　　留学生用の部屋を準備し、食事（３食）や入浴の世話をする。世話する費用として留学生１人あたり月７万５千円を支払う。

〈パターン２〉　下宿
　　基本的にはホストファミリーと同様であるが、昼食（弁当）の準備ができないなどの場合。昼食等の必要経費を差し引いた額を１人あたりの費用として支払う。

〈パターン３〉　短期協力
　　ホストファミリーが対応できない日に留学生を預かるものである。

ここでも、「しま留学」で前述したとおり、島民の高齢化の進行により、ホストファミリーを引き受けてくれる方を確保することが大きな課題になっている。

5 五島市奈留地区の実践を通じて考えるべきこと

　本事例の意義について考えるとき、何よりも注目すべきは長崎県教育委員会の小規模校に対する基本的な姿勢だと思われる。

　すなわち、同県教委が小規模校に対する基本的な考え方について、自らの設置管理する県立高校の改革に際し明確にしたことは前述した。そのうち、私が最も強い印象を受けた部分を、あえて次に再掲して確認しておきたい。

> 　1島1高等学校及びこれに準じる通学上の不便さを抱える地域においては、高等学校で学ぶ機会を確保する観点から特例を設け、連携型中高一貫教育を導入するなど、<u>学校の機能と教育水準の維持を図りながら、小規模校であってもできるだけ維持する方向で検討を行うように改めた。</u>
> 　また、<u>人口減少社会への対応が求められる中、地方創生の観点から県立高等学校の存在が、地域コミュニティの維持、活性化にも影響を与えるという視点に立ち、しまや半島部の小規模化する県立高等学校において、教育面からも地域活性化につながるような、地域と連携・協働した取組ができないか、</u>検討を進めている。
> （「長崎県立高等学校教育改革第8次実施計画」1ページ。下線は筆者）

　同県教委がこうした基本的な姿勢に基づき取り組んだのが、奈留高校を含む中高一貫教育であり、その発展型として今日に至っているのが小中高一貫教育なのである。

　そして、五島市奈留地区における県教委の取組みをみると、再掲した基本的な姿勢は市町村立学校に対しても全く変わりがないように思われる。

　五島市はこうした県教委の基本姿勢と具体的な取組みに力づけられ、自らの役割を果たしながら、県と連携協働すべく懸命な努力を続けている。もちろん、奈留という地域の実情をより良く把握し、危機をより実

事例9　統廃合できない学校による取組み事例 —その2—／**長崎県五島市奈留地区**

感しているのは五島市であろう。けれども、市には市の限界があり、それを県がカバーすることで、離島の人口減少に伴う難局を突破しようとしているのが本事例だと考える。

　また、市町村立の小・中学校問題が、県立高校に直接影響することは言うまでもない。そして、高校が抱える問題の多くは、市町村立学校や地域住民との関わりなしには解決できない。このことを明確に認識した県と市が、一体になって取り組むことの大切さを教えてくれる事例である。

【参考文献・資料】
1　「公立小中学校の適正規模について—望ましい教育環境整備のために—」（長崎県教育委員会　2008年2月）
2　「第二期長崎県立高等学校改革基本方針」（長崎県教育委員会　2009年3月）
3　「平成22〜24年度　五島市教育委員会委託　英語教育研究発表資料」（五島市立奈留小中学校　2012年11月）
4　「高等学校政策全般の検証に基づく高等学校に関する総合的研究〈報告書〉」（国立教育政策研究所　2014年3月）
5　「小さな島の新たな挑戦—幸せになる島のまちづくり計画書—」（奈留まちづくり協議会　2016年3月）
6　「教育ルネサンス　№2143　どうする統廃合4　島内の小中高結ぶ一貫教育」（読売新聞2016年5月12日付け）
7　「長崎県立高等学校教育改革第8次実施計画」（長崎県教育委員会　2016年9月）
8　「奈留の英語教育　小中高一貫、児童から強化　グローバル化見据える離島」（長崎新聞2016年12月4日付け）
9　「平成28年度　奈留地区小中高一貫教育推進委員会　紀要」（五島市立奈留小中学校・長崎県立奈留高等学校　2017年1月）
10　「平成29年度　学校要覧」（五島市立奈留小中学校　2017年）
11　リーフレット「小さな島の大きな挑戦　奈留（平成30年度　奈留高等学校学校案内）」（長崎県立奈留高等学校　2017年）

第3章

小規模校における望ましい教育環境整備の方策と課題

第3章 小規模校における望ましい教育環境整備の方策と課題

　前章では急ピッチで進行し続ける少子化に伴う小・中学校の小規模化に対し、地域社会の「かなめ」とされる学校の存続をかけ、あるいはデメリットを極小化すべく、県及び市町村が「なりふりかまわぬ」とでも表現すべき姿勢で、文字通り懸命な取組みをしている事例について述べた。

　本章では、こうした事例の分析を通じて見えた、小規模校の存続や望ましい教育環境を整備する方策の可能性と課題について整理することにしたい。

　本論に入る前に、現時点まで公表されている学校基本調査の最新データ（2017年度）をもとにして、児童生徒数及び学校数の推移を改めて確認しておくことにする。

　第9図は文部科学省初等中等教育企画課制度改革室が作成したものであるが、これを見ると、1989（平成元）年度以降、公立小・中学校の児童生徒数、学校数とも減少し続けていることは明確である。さらに、2008（平成20）年度までは、学校数の減少を上回るペースで児童生徒数が減少していたが、2008年度以降は学校数と児童生徒数の減少割合はほぼ同じであることが注目される。

　子細に見れば、多少の状況変化はうかがえるにしろ、今後も少子化が進行する中で、学校のさらなる小規模化は避けられず、それへの対策が喫緊の課題であることはいささかも変わることがないことを再確認し、本論に進むことにする。

第9図　公立小・中学校の数と児童生徒数の推移

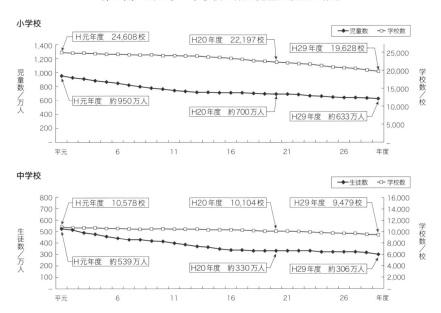

出典：初等中等教育企画課教育制度改革室「解説　学校規模の適正化及び少子化に対応した学校教育の充実について」(『教育委員会月報』第一法規、2018年5月号　1～10頁)

1　「はず」「べき」論を超えた適正規模・適正配置論議の必要性

　適正規模・適正配置をめぐる議論の中で、確たる根拠が乏しい「はずだ」や「べきだ」論がかなり多くあるように思われる。このままでは、問題への対処策を根本から誤りかねないと思われる2点を次に指摘しておきたい。

(1)　「切磋琢磨の必要」と「社会性育成の可否」などをめぐる議論

　第7表は文部科学省が学校の適正規模・適正配置に関して、都道府県・市町村が作成している計画等を参考に作成し、同省中央教育審議会初等中等教育分科会の第8回小・中学校の設置・運営の在り方等に関する作業部会（2008年12月2日）の討議資料として配布したものである。

この表を見ると、私が小中（高）一貫教育に関する研究を続ける中で、やがて関連するテーマとして適正規模・適正配置問題への関心を深め、この数年間多くの地域を訪ね、この問題と現に取り組んでいる方、あるいは過去に関わった人などから聞き取りをさせていただく中で、同じ言葉を繰り返し聞かされてきた背景がよく理解できる。

　すなわち、多くの人々が適正規模・適正配置を目指す施策、あるいは学校統廃合が必要な理由として、主に学習面では「小規模校では切磋琢磨できず伸びない」、生活面では「小規模校では、人間関係や相互の評価等が固定化しやすく、社会性が育ちにくい」と話した。

　また、話をお聞きした人々の口から発せられただけでなく、その際に頂戴した関係資料等にも、「小規模校では切磋琢磨できず……学力が……」や「クラス替えできないため……人間関係が固定化……社会性が育ちにくい」などの言葉（文章）が当然のごとく並んでいることが多い。そのたびに、私は「この地域で？」「これくらいの学校（学級）規模でも、本当にそうなの？」などと疑問に思うことが実に多いのである。

　しかし、こうした「切磋琢磨」を重要視し、学校（学級）の規模と学力を相関させる考え方は、調査研究により十分な検証を経たものとはいえないだろう。少なくとも現時点では、確たる根拠がなく、単に「多くの子どもたちで競争させれば、意欲をもって頑張り、伸びる『はずだ』」という程度の考え方に過ぎないと思われる。社会性に関する指摘も全く同様ではあるまいか。

　たしかに、児童生徒の教育環境としての最適規模を、どのように考えるかは極めて難しい問題であり、簡単に答えが出せることではないだろう。けれども、この根本的とも思われる問題の議論を中途半端にしたまま、安易に後戻りできない学校統廃合などの結論を急ぐことは、将来にわたり大きな禍根を残すことだけは確かであり、慎重かつ深い議論を尽くすことが大切である。

　そして、この議論を深めるプロセスの中で最も大切なことは、「指摘

1 「はず」「べき」論を超えた適正規模・適正配置論議の必要性

される小規模校のデメリットは、この学校の場合も当てはまるかもしれない。でも、それを克服、あるいは極小化する方策はないのか。あるなら、まずそれに全力で取り組んでみよう」というような柔らかな発想や姿勢ではあるまいか。

第7表　学校規模によるメリット・デメリット（例）

	小規模化		大規模化	
	メリット	デメリット	メリット	デメリット
【学習面】	・児童・生徒の一人ひとりに目がとどきやすく、きめ細かな指導が行いやすい。	・集団の中で、<u>多様な考え方に触れる機会や学びあいの機会、切磋琢磨する機会が少なくなりやすい。</u> ・1学年1学級の場合、ともに努力してよりよい集団を目指す、学級間の相互啓発がなされにくい。	・集団の中で、<u>多様な考え方に触れ、認め合い、協力し合い、切磋琢磨することを通じて、一人ひとりの資質や能力をさらに伸ばしやすい。</u>	・全教職員による各児童・生徒一人ひとりの把握が難しくなりやすい。
	・学校行事や部活動等において、児童・生徒一人ひとりの個別の活動機会を設定しやすい。	・運動会などの学校行事や音楽活動等の集団教育活動に制約が生じやすい。 ・中学校の各教科の免許を持つ教員を配置しにくい。 ・児童・生徒数、教職員数が少ないため、グループ学習や習熟度別学習、小学校の専科教員による指導など、多様な学習・指導形態を取りにくい。	・運動会などの学校行事や音楽活動等の集団教育活動に活気が生じやすい。 ・中学校の各教科の免許を持つ教員を配置しやすい。 ・児童・生徒数、教員数がある程度多いため、グループ学習や習熟度別学習、小学校の専科教員による指導など、多様な学習・指導形態を取りやすい。	・学校行事や部活動等において、児童・生徒一人ひとりの個別の活動機会を設定しにくい。
		・部活動等の設置が限定され、選択の幅が狭まりやすい。	・様々な種類の部活動等の設置が可能となり、選択の幅が広がりやすい。	

第3章 小規模校における望ましい教育環境整備の方策と課題

	小規模化		大規模化	
	メリット	デメリット	メリット	デメリット
【生活面】	・児童・生徒相互の人間関係が深まりやすい。 ・異学年間の縦の交流が生まれやすい。	・クラス替えが困難なことなどから、<u>人間関係や相互の評価等が固定化しやすい</u>。 ・集団内の男女比に極端な偏りが生じやすくなる可能性がある。 ・切磋琢磨する機会等が少なくなりやすい。	・クラス替えがしやすいことなどから、豊かな人間関係の構築や多様な集団の形成が図られやすい。 ・<u>切磋琢磨すること等を通じて、社会性や協調性、たくましさ等を育みやすい</u>。	・学年内・異学年間の交流が不十分になりやすい。
	・児童・生徒の一人ひとりに目がとどきやすく、きめ細かな指導が行いやすい。	・組織的な体制が組みにくく、指導方法等に制約が生じやすい。	・学校全体での組織的な指導体制を組みやすい。	・全教職員による各児童・生徒一人ひとりの把握が難しくなりやすい。
【学校運営面・財政面】	・全教職員間の意思疎通が図りやすく、相互の連携が密になりやすい。 ・学校が一体となって活動しやすい。	・教職員数が少ないため、経験、教科、特性などの面でバランスのとれた配置を行いにくい。 ・学年別や教科別の教職員同士で、学習指導や生徒指導等についての相談・研究・協力・切磋琢磨等が行いにくい。 ・一人に複数の校務分掌が集中しやすい。 ・教員の出張、研修等の調整が難しくなりやすい。	・教員数がある程度多いため、経験、教科、特性などの面でバランスのとれた教職員配置を行いやすい。 ・学年別や教科別の教職員同士で、学習指導や生徒指導等についての相談・研究・協力・切磋琢磨等が行いやすい。 ・校務分掌を組織的に行いやすい。 ・出張、研修等に参加しやすい。	・教職員相互の連絡調整が図りづらい。
	・施設・設備の利用時間等の調整が行いやすい。	・子ども一人あたりにかかる経費が大きくなりやすい。	・子ども一人あたりにかかる経費が小さくなりやすい。	・特別教室や体育館等の施設・設備の利用の面から、学校活動に一定の制約が生じる場合がある。
【その他】	・保護者や地域社会との連携が図りやすい。	・PTA活動等における保護者一人当たりの負担が大きくなりやすい。	・PTA活動等において、役割分担により、保護者の負担を分散しやすい。	・保護者や地域社会との連携が難しくなりやすい。

※表中の下線は筆者による。
出典：文部科学省中央教育審議会初等中等教育分科会第8回小・中学校の設置・運営の在り方等に関する作業部会（2008年12月2日開催）における配布資料。

(2) 統廃合に伴う人件費・運営費等をめぐる議論を整理する必要

統廃合に関する様々な場面で行われる、統廃合による人件費及び運営費等の削減効果についての議論も、それぞれの立場で正確な論拠もなく、あるいは勝手な思い込み等による「はずだ」論とでもいうべき、曖昧でわかりにくいものになりがちである。

すなわち、統廃合に反対する保護者や地域住民等はともすれば「市区町村が統廃合を推進しようとするのは、学校の設置運営に要する経費を削減するためであり、将来ある子どもたちのことを第一に考えてはいない」などと批判しがちである。

一方で、市町村長や議員の中にも、地域住民の前では決して口にしないものの、実は「3つある小学校を1つにすれば、当然かなりの経費削減効果がある。財政状況が厳しい中、やはり学校数を減らすべきだ」と単純に考えている方もいる。

こうした状況の中で、市町村の担当者等は保護者や地域住民に対し「統廃合はあくまで児童生徒にとって望ましい教育環境を整備するためであり、決して教育費削減のためではない」などと公式論を展開し、懸命に理解を求めようとすることが多い。

そして、保護者や地域住民の厳しい反対をどうにか乗り越え、統合新校舎を建設することになった時には、金のことばかり考えた統廃合ではないことを形で見せることを強く意識してか、市町村の財政状況に不相応なほど立派過ぎるだけでなく、児童生徒数の推計からして数年後には確実に多くの余裕教室が生ずるような校舎が建てられたりすることも少なくない。

こうした重要な財政問題をめぐる議論のスタート点における認識の相違（混乱）は、統廃合の適否を論じ合う共通の基盤が欠落していることで、正しい結論を得る阻害要因になることは明らかである。まず、事実を正確に理解し合うことが不可欠である。

そして、この問題の根本は明確な法令の条文であり、本質的に曖昧に

はなりにくいものである。また、今やこのことに関連する研究成果がかなり蓄積され、その結論はすでに明らかだと考えてよいのではないかと思われる。

　例えば、国立教育政策研究所教育政策・評価研究部の宮﨑悟主任研究官は、具体的な事例研究を踏まえ、「教員給与と事務職員給与の部分については、義務教育費国庫負担制度の諸規定により原則的な基準が定められているように、概ね国が3分の1、都道府県が3分の2を負担している」と法制度の原則を確認したうえで、統廃合に基づく教員人件費が削減される部分があることを確認しつつ、「（統廃合は）国と都道府県にとっての財政的メリットとなるが、市区町村にとってのメリットにはほとんどならない」（「公立小学校の統廃合による人件費削減効果のシミュレーション推計」『国立教育政策研究所紀要』第142集　2013年3月　197～205頁）と明確に述べている。

　また、同研究所教育政策・評価研究部の本多正人総括研究官は、市区町村が負担することになる光熱費や消耗品購入費などの学校管理運営費は地方交付税で措置されるが、その算定基準はほとんどが児童生徒数と学級数になっていることを指摘したうえで、「たとえば、建物等維持修繕費も学校数ではなく学級数を測定単位とする経費の中に見込まれている。仮に学校を統合しても自治体の学級数が増えなければ小・中学校費の基準財政需要額が増えることはない。小規模校同士の統合であればむしろ統合により学級数と学校数は減ってしまう。」（「自治体財務管理と学校規模・学校配置」『国立教育政策研究所紀要』第141集　第2章　2012年3月　43～72頁）として、この点でも統廃合が市区町村にとっては財政的にプラスになることはなく、むしろマイナスになる可能性が大きいことを明確に指摘している。

　こうした統廃合に関する法制度や財政面でのメリット・デメリットを、素人である保護者や地域住民にもわかりやすく説明し、保護者や地域住民を含む幅広い関係者間で共通理解を得て、いわば同じ土俵の上で

議論ができるような環境づくりをする役割は、市区町村職員がしっかりと担うべきである。

2 統廃合に代わる取組みの可能性や持続性等に関する議論深化の必要性

　我が国における従来の適正規模・適正配置政策は、学校統廃合を中心として進められてきたが、それは児童生徒の通学距離・通学時間の拡大に直結する。また、すでに小中学校とも1校しかない市町村の割合も増えており、もはや学校統廃合では何の課題解決にもならない状況になりつつある。

　そして、こうした状況に追い込まれてしまった市町村、あるいはそうした状況になるのを見越して先手をうつ形で、創意工夫を凝らして統廃合に代わる多様な取組みを始めるケースが増えており、その一端を第2章で紹介した。

　すでに公表されている今後の人口推計等を見ても、これから一層厳しい状況に直面しなければならない市町村が増えることは確実であろう。したがって、すでに始まっている学校統廃合に代わる様々な取組みに関する情報を、全国各地で同じ課題に立ち向かう多くの関係者が共有し、現に進行している様々な取組みの基本的な考え方、その可能性や持続性、そして課題等についての議論を深め、施策の推進に役立て、次の一手へつなげることが大切だと思われる。

　以下では、関係者によるそうした議論のきっかけになることを願い、第2章で事例として取り上げた小中（高）一貫教育、山村・離島留学、社会教育、コミュニティ・スクールに絞り、適正規模・適正配置政策との関連性、もっとストレートに言うなら小規模校対策として有効か否かを中心に、かなりキメの粗い試論（私論）を展開してみたい。

　なお、ICTの活用も小規模校対策として重要な論点であるが、高森町及び阿南市の事例でかなり詳細に述べたので、ここでは取り上げない

ことにする。

(1) 小中（高）一貫教育と適正規模・適正配置

　適正規模・適正配置問題を解決する1つの方策として学校統廃合に取り組むことを契機に小中（高）一貫教育に取り組む事例、逆に学校統廃合を避けるため小中（高）一貫教育に取り組む事例、どちらも全国的にかなり多くなりつつある。

　また、これらの事例を子細に見れば、取組みの動機や経過もさらに様々である。すなわち、例えば小学校の数校を統合するに際して新校舎を建設する機会に、老朽化した中学校と一挙に一体型校舎をつくり、その校舎の利点を生かして一貫教育に取り組むケースがある。あるいは、数校の小学校が一緒になっても、小規模校で少人数学級が多いことに変わりがない場合、前述した「切磋琢磨できない」や「クラス替えできず、人間関係が固定化し、社会性が育てにくい」などを理由として、1年生から9年生までが一緒に学び、交流活動も活発化することで小規模校のデメリット削減を目指し、小中一貫教育を始めるケースなどである。同学年の交流が広まらないなら、1年生から9年生までの異学年交流の充実を目指すというわけだ。

　そして、小・中だけの組み合わせでは、前述した切磋琢磨をはじめとする期待される効果がないとか、不十分であると考えられる場合には、小・中・高という3校種を組み合わせた小中高一貫教育まで進むのである。

　さらに、これまでの取組みの中で、小規模校が高校まで含めた一貫教育に取り組む利点として注目されているのは、必要な教職員を確保する手段としてである。すなわち、前章で取り上げた五島市の事例で第5表として示したように、特定校種の教員が兼務発令を受けて異校種の学校に行って授業する、いわゆる「乗り入れ授業」を行う。それにより、小規模校1校あたり配置教員数は少なくても、3校種の学校の教員、とり

わけ中・高の教員をやり繰りすることで、必要な専門教科の教員を確保できることである。小山市と高森町の義務教育学校の事例も同様である。

こうした取組みは、全国的に中学校・高校の教員で小学校の免許を有する者が少ないこと、専門性を重視すれば小学校教員が中・高で授業することは厳しいこと、あるいは学級担任制が基本の小学校教員が出前授業をするには支障が生じやすいことなどから、中・高教員の負担が増えがちであるなど、多くの課題がある。

もとより、一貫教育はこうした教員のやり繰りを可能にする目的で構想され、法制化されたものではない。けれども、多くの地域で少子化に伴う厳しい状況に即した取組みとして広まり、教員が異校種の学校に出入りし、授業参観の機会が増えたり、児童・生徒と接することが教員の意識改革や授業改善のきっかけになったなど、様々な成果があると評価され、取組み例が急速に増加しつつある。今後、さらに取組みが拡大していくもの、と私は考えている。

(2) 山村・離島留学と適正規模・適正配置

急激な少子化と学校の小規模化は、山村や離島でことさら厳しい状況となっている。

こうした厳しい状況下にある地域では、すでに小・中学校とも町村内に1校体制になっていることが多く、もはや選択肢は廃校しかなく、学校存続のためには外から児童生徒を集めてくるしかない。そうした状況下で必死に取り組まれているのが、大半の山村・離島留学の事例である。

第2章で3つの事例を紹介したが、首都圏に近く、しかも人気が高い学習塾と連携することなどで大きな魅力づくりに成功している長野県北相木村は、募集定員を上回る留学希望者があるため事実上の選抜を行っており、その影響もあって学力向上面でも保護者等の評価が高まり、それが新たな希望者増につながるという好循環になっている。しかし、関係者の今後の見通しは一貫して「いつまで続けられるか、まったくわか

らない」と厳しい認識は変わらない。

　一方、離島、それも五島市の2次離島という厳しい状況下にある奈留地区は、小中高一貫教育という魅力づくりにより、3校種が共に生き残ろうとする懸命な取組みを続けてきた。しかし、状況の厳しさには変わりがなく、長崎県と五島市が一体となって新たな戦略を打ち出し、まず五島市が2017（平成29）年度から不登校などの子どもたちを対象とした「しま留学」に取り組み、次いで長崎県教委が2018年度から「英語の特別教育」を売りにした離島留学制度を導入することは前述した。

　そして、この市、県のどちらの取組みも、保護者の元を離れて暮らすことになる留学者の日常生活の拠点となるホストファミリー（宿泊先）確保という根本のところで、島民の高齢化を背景に大きな課題をかかえていることも先に述べた。これは留学制度を導入している市町村に共通した悩みとなっているが、その課題解決策の1つと考えられる北相木村が保有する留学センターや、新居浜市の学生寮のような施設の建築は、多額の予算を要するため簡単ではない。そして、仮に新築できたとしても、留学制度をいつまで持続し、施設を利用し続けることができるのか見通しが立たないがゆえに、困難さは一層増大することになる。

　いま1つ指摘しておかなければならないことは、最近新たにこうした留学制度を導入したり、あるいは導入を決定し準備中、さらには検討中の市町村が意外と多く、留学生募集のライバルになりそうなことである。例えば、私がこれまで聞き取りに訪ねたことのある事例の中でも、すでに小中高一貫教育を導入し成果を上げている長崎県五島列島の小値賀町などの取組みは、順調に進めば、やがて先行事例の強烈なライバルになり得ることを予想させるものだと思う。

(3) 社会教育と適正規模・適正配置

　学校教育と社会教育は根本的に異なるものであり、社会教育が学校教育に代わることは基本的にあり得ない。けれども、社会教育が学校教育

の補完的な役割や支援する役割を果たし得ることはすでに多くの取組みにより実証されている。

例えば、2008(平成20)年度から始まった文部科学省生涯学習政策局所管による「学校支援地域本部事業」は、かなり多くの都道府県・市町村で社会教育担当部門を中心として取り組まれて成果を上げ、いまでは学校教育にすっかり組み込まれた感がある事例さえ多い。

そして、今日では地域(社会教育)側の一方的な学校支援から一歩先へ進め、双方向の取組みが強く求められ、文部科学省の事業名も変わったため、都道府県や市町村による事業の名称も「学校応援団」や「学校支援地域本部」ではなく、双方向性をイメージさせる「地域学校協働活動推進本部」などと改める地域もある。

第2章で紹介した益田市の公民館を中心とした取組みは、急速な少子化が進行する中で、「地域のヘソ」ともいわれる学校がなくなった後における地域の行く末を冷静に厳しく見つめ、いち早く来るべき時に備えようとする優れた事例の1つである。

他にも、すでに廃校になってしまった地域に残る公民館を核として、統合新校などと協力しながら、地域コミュニティをできるだけ長く残そうと努力している和歌山県田辺市の龍神公民館などの注目すべき事例もある。しかし、私の知る限りでは決して多くはないようにも思われる。

すでに繰り返し述べてきたように、適正規模・適正配置を実現しようとする施策がもたらすデメリットも多くあり、それをできるだけ少なくする役割を社会教育が果たし得る可能性が大きいことは明確だと思われる。しかし、そうした役割を担うには、多くの市町村で進行する社会教育の職員体制や予算面での明らかな弱体化が大きな課題だと考える。

(4) コミュニティ・スクールと適正規模・適正配置

地域住民等からなる学校運営協議会が置かれた学校であるコミュニティ・スクール(以下、「CS」)は、適正規模・適正配置を実現する施

策と極めて密接な関係があるものと考える。

　法律上、CSの機能は学校長が作成する学校運営基本方針案の承認権、教職員の任用に関する任命権者に対する意見具申権、学校の運営等に関する校長及び教育委員会に対する意見具申権の3つである。

　こうした機能を持つCSは当然に適正規模・適正配置についても多くの重要な役割を期待されているが、ここでは適正規模・適正配置と学区の拡大に伴う問題との関連に絞って述べる。

　統廃合により必然的に学区拡大を伴うことが多い。この学区拡大は地域住民等の「我が地域の学校」との意識を弱める可能性が高く、学校と地域の協働を難しくするなど、影響は重大であるとの明確な認識を持ち、具体的かつ実効性のある対策を講ずることが不可欠である。

　そして、そうした対策は学校統廃合をめぐる議論開始当初から細心の配慮をしながら行うことが最も大切である。統廃合が決定してから、しかも説明や意見交換というよりも、廃校になる地区住民に対する説得の場にするようなやり方では無意味どころか、むしろ害悪とさえなることを忘れてはならない。

　一方で、こうした廃校となる地域への対策の効果を上げるには、極めてハードルが高いことも繰り返し強調しておかなければならない。例えば、途中経過を意図的にやや詳細に述べた佐賀県多久市の事例のように、多くの時間をかけ、しかも教育委員会任せではなく市長が自ら前面に立って地域住民と接するなど、実にきめ細かな取組みをしても、関係者の口から今「やはり、学校と地域（住民）との精神的な距離が大きくなった。我が地区の学校という意識が薄れた」との声が聞かれることでも理解されると考える。

　統廃合に手間のかからない、うまい手などはあり得ない。日頃から、学校と保護者はもちろん、広く地域住民とが、地域の子どもたちの状況、育てたい子ども像やそれを実現するための具体的な方策、そうした取組みをするに当たっての学校と保護者、広く地域住民等がそれぞれに果た

すべき役割、もちろん根本問題である学校の適正規模などについても、文字通り胸襟を開いて議論する場、さらに議論ばかりではなく得られた結論に基づいて具体的な取組みをする実行組織づくりなどを行うことが不可欠である。

　そして、こうした取組みは学校長が代われば雲散霧消するようなものであってはならず、法律に裏付けられた持続性・安定性のあるものでなければ効果は上がりにくい。

　このような整備すべき制度・組織を考えた時、CSは最適なものではないかと考える。

　文部科学省の調査によれば、CSは2017（平成29）年4月1日現在、全国の公立小・中学校等の1割を超える3,600校で指定された。そして、2018年4月現在では、前年度から1,832校増の5,432校となり、2017年3月の「地方教育行政の組織及び運営に関する法律」の改正で設置が努力義務化された後の1年間で、設置校が実に1.5倍となった。

　CSに対する学校関係者の動向は、大きく変わりつつあることを実感させられる。

3　地方創生など広い視野からの適正規模・適正配置対策の実施が大切

　近年、多くの市町村にとって急激な人口減少等に起因する地域社会の衰退から復活再生を目指すことは、ほとんど例外のない喫緊の課題である。

　そうした厳しい状況下にある地域の「核」とか「へそ」などといわれる学校の適正規模・適正配置は、こうした課題の重要な部分である。そのため、この課題への対処の仕方によっては、地域社会のさらなる衰退の引き金になったり、一挙に地域崩壊へ直結する可能性もあり、そうした実例も多くあることを十分認識し、単なる教育問題ではなく地域の将来に直結するとの幅広い視点に立ち、地方創生、地域活性化やまちづく

り等に関連づけた施策の検討と推進が不可欠である。

　そうした広い視野に立った検討をする際、校舎を公共施設の1つとして他の施設との関連性をこれまで以上に重視したり、あるいは大胆な発想で他の施設との複合施設として整備することを検討することなども大切であろう。

　ちなみに、文部科学省が設置した「学校施設の在り方に関する調査研究協力者会議」が2015（平成27）年11月にまとめた報告書では、複合化の効果的な取り組み事例として、公民館・体育館や福祉施設などのほか、商業店舗等との複合施設の例なども紹介されている。

4　都道府県の「適正規模・適正配置は市町村の問題」との発想転換を

　ほとんどの都道府県は、市町村立学校の適正規模・適正配置対策は市町村の判断により実施されるべき問題だとして、都道府県による格別の支援策などを講じてはいない。

　こうした基本姿勢は、現行法制度からすれば基本的には当然のことであり、先に述べた文部科学省の「手引き」にも書かれているとおりである。

　けれども、今や少子化に伴う小中学校の小規模校増加は、各都道府県の学校教育にとって極めて深刻かつ重大な問題であり、この問題を座視して都道府県全体の教育行政に影響がないはずはあるまい。

　また、実際にも小・中学校に関わる問題を、高等学校のあり方と関連させることで解決を目指す取組みも広がりつつあり、現にそうした取組みによって成果を上げている事例もあることは第2章で述べた。

　一方で、各都道府県とも、教育委員会事務局の職員体制が極めて脆弱な市町村も多く、とりわけ適正規模・適正配置問題が重要な課題になっていることが多い町村の脆弱な職員体制は、極めて深刻だと考える。

　設置・管理する学校の適正規模・適正配置に関する現状把握と調査・

分析等から始まる一連の業務をもこなし、仮に統廃合が決定すればそれに伴う様々な事務処理をも適切に行うことなど困難であり、どこかに致命的な手落ちや長い年月に及ぶ禍根を残す可能性が大きい状況の町村が少なくないことを勘案すれば、都道府県による様々な支援が不可欠だと私は考える。

　数は少ないものの、前述した徳島県のほか、外部委員を含めた検討会議による論議を経て2014（平成26）年4月全国に先駆け、県教育委員会として「少子・人口減少社会に対応した活力ある学校環境のあり方及び支援方策」を策定するとともに、適正規模・適正配置問題に取り組む学校に教務主任クラスの力量のある教員を加配して支援し、いま山村留学に取り組む自治体等がPRし関心のある親子などの相談に応ずる場として、「山村留学フェア」を東京で開催して、積極的に支援する長野県教育委員会などの例もある。

　また、多くの離島をかかえ、早くから適正規模・適正配置問題に取り組み、この間に政策も磨き抜かれたらしく、前述したような先進的な施策を推進する長崎県の例も興味深い。

　私は今こそ、このような積極的な支援策を講ずる都道府県の増加が求められていると考える。

　また、都道府県の役割として、適正規模・適正配置問題に取り組む学校への支援充実も重要である。前述した市町村教育委員会職員と同様に、教員が授業を中心とした日常業務のかたわら、適正規模・適正配置等に関連する業務を支障なくこなすことは至難の業であり、任命権者である都道府県教育委員会による、教職員人事面での特別な配慮と加配等の具体的な支援が不可欠である。

•おわりに•

　本書は、取り上げた事例の関係者に対する、私の遠慮のない、時には小規模校対策に苦悩する神経を逆なでする無神経な質問に答えてくださるとともに、関係資料を提供していただいた人々のご協力で書き上げることができたものであり、刊行にあたり真っ先に御礼を申し上げます。

　また、同様にご対応くださったにもかかわらず、ページ数等の事情で登載できなかった多数の事例関係者には深くお詫び申し上げます。

　さて、いまさら述べるまでもなく、我が国の急激な人口減少は極めて深刻であり、それに伴う小規模校対策は喫緊の課題です。

　この難題を前にして、道府県及び市町村の対応姿勢が様々であることはすでに述べたとおりです。もちろん、道府県及び市町村の解決策は、各地域の実情に応じ、自ら決定されるべきことは言うまでもありません。

　一方で、私が数年前から最も気にかかっていることは、厳しい状況を前にした多くの市町村関係者等の「もう、どうにもならない」という諦めや、「道府県、国がなんとかして欲しい」などの強い依存心です。

　そして、地域の「核」とか「へそ」などといわれ、現に統廃合で学校をなくしたことが地域崩壊の大きな要因になった事例も報告される中で、「本当にこのままでいいのか」との疑問が本書執筆の最大の動機です。

　数年間にわたり全国各地での聞き取り調査等を続ける中で、地域が置かれた厳しい状況と真摯に向き合い、解決策を講じようとする多くの人々と接しました。そこで聞いたお考えや実際の行動を本書でお伝えしようとした私の想いを、少しでも感じ取っていただければ望外の幸せです。

　なお、本書の刊行にあたり助成をいただいた公益財団法人青森学術文化振興財団に、感謝申し上げます。

　また、株式会社ぎょうせいには、出版事情の極めて厳しい中、刊行していただき感謝申し上げます。

　　　　　　　　　　　2018年8月　青森で初秋の風を感じつつ

【主要な参考文献】

　本書を執筆するにあたり、各章別に記述した引用文献及び参考文献等の他に、次の著書、論文等から多くの貴重なご教示をいただいた。

〔刊行年月順〕

1　葉養正明 著『よみがえれ公立学校　地域の核としての新しい学校づくり』(紫峰図書　2006年10月)
2　葉養正明 (研究代表者)「教育条件整備に関する総合的研究 (学校配置研究分野) 最終報告書」(国立教育政策研究所　2011年3月)
3　根本祐二 著『朽ちるインフラ　忍び寄るもうひとつの危機』(日本経済新聞出版社　2011年5月)
4　葉養正明 著『人口減少社会の公立小中学校の設計—東日本大震災からの教育復興の技術—』(協同出版　2011年8月)
5　『国立教育政策研究所紀要　第141集　特集：人口減少下の学校の規模と配置』(国立教育政策研究所　2012年3月)
6　玉井康之 監修『〜教育活動に活かそう〜へき地小規模校の理念と実践』(教育新聞社　2013年11月)
7　増田寛也 編著『地方消滅　東京一極集中が招く人口急減』(中公新書　2014年8月)
8　山下祐介 著『地方消滅の罠—「増田レポート」と人口減少社会の正体—』(ちくま新書　2014年12月)
9　丹間康仁 著『学習と協働　学校統廃合をめぐる住民・行政関係の過程』(東洋館出版社　2015年2月)
10　葉養正明「学校統廃合は限界　教育の場をどう配置するか」(『全論点　人口急減と自治体消滅』時事通信社　2015年2月　128〜131頁)
11　屋敷和佳「山間・過疎地域における学校維持と統廃合について」(『日本教育経営学会紀要』第57号　2015年6月　174〜179頁)
12　佐藤晴雄 著『コミュニティ・スクール　「地域とともにある学校づくり」の実現のために』(エイデル研究所　2016年8月)
13　嶋津隆文 編著『学校統廃合と廃校活用—地域活性化のノウハウ事例集—』(東京法令出版　2016年11月)
14　佐藤晴雄 著『コミュニティ・スクールの成果と展望　スクール・ガバナンスとソーシャル・キャピタルとしての役割』(ミネルヴァ書房　2017年4月)
15　葉養正明「人口減少社会における子どもの学習拠点再構築と学校施設の複合化」(『文教施設』65号　2017年2月　21〜25頁)
16　伏木久始・峯村均 著『山と湖の小さな町の大きな挑戦　信濃町の小中一貫教育の取り組み』(学文社　2017年7月)

■著者紹介

高橋　興［たかはし　こう］

青森中央学院大学経営法学部教授。秋田県生まれ。青森県立高校長や県生涯学習課長、県総合社会教育センター所長などを経て現職。

文部科学省中央教育審議会生涯学習分科会臨時委員、同省学校支援地域活性化推進委員会委員、国立教育政策研究所プロジェクト研究「初等中等教育の学校体系に関する研究」委員などを歴任。2016年4月から文部科学省コミュニティ・スクール（CS）マイスターを務める。

主な教育関係の著書として、単著に『学校支援地域本部をつくる』『小中一貫教育の新たな展開』、共著に『学校と地域でつくる学びの未来』『地域社会・家庭と結ぶ学校経営』『学校教育法実務総覧』『地域との新たな協働を図る学校づくり』『震災からの教育復興』『校長入門』『コミュニティ・スクールの全貌』など。

少子化に対応した学校教育充実の処方箋
進む学校の小規模化にどう向き合うか

2018年10月10日　第1刷発行

著　者　高橋　興
発　行　株式会社ぎょうせい

〒136-8575　東京都江東区新木場1-18-11
電話　編集　03-6892-6508
　　　営業　03-6892-6666
フリーコール　0120-953-431
URL　https://gyosei.jp

〈検印省略〉

印刷　ぎょうせいデジタル株式会社
乱丁・落丁本は、送料小社負担にてお取り替えいたします。
©2018 Printed in Japan　禁無断転載・複製
ISBN978-4-324-10547-4（5108460-00-000）〔略号：少子化学校〕